Aujourd'hui,
ou peut-être jamais

Du même auteur

L'Europe frigide, Bruxelles, André Versaille éditeur, 2008.

La Révolution européenne, 1945-2007, avec Krzysztof Pomian, Paris, Perrin, 2008.

Jean Frydman, tableaux d'une vie pour servir à l'histoire de notre temps, Paris, Le Seuil, 2008.

Israël-Palestine, une guerre de religion ?, Paris, BNF, Bayard, 2006.

Les Religions meurtrières, Paris, Flammarion, 2006.

Tuez-les tous ! La guerre de religion à travers l'histoire, avec Anthony Rowley, Paris, Perrin, 2006.

La France et Israël, une affaire passionnelle, avec Luc Rosenzweig, Paris, Perrin, 2002.

Lettre ouverte aux Juifs de France, Paris, Stock, 2002.

« Le XVIe siècle », *in Journal de la France et des Français*, Paris, Gallimard, 2001.

Les Frontières de l'Europe (éd.), Bruxelles, De Boeck, 2000.

Les Juifs et le XXe siècle. Dictionnaire critique, avec Saül Friedländer, Paris, Calmann-Lévy, 2000.

Suite p. 183

La publication de cet ouvrage a été encouragée par une subvention accordée par la Communauté française de Belgique

www.andreversailleediteur.com

ISBN 978-2-87495-062-9
D/2009/11.448/21

Élie Barnavi

Aujourd'hui, ou peut-être jamais

Pour une paix américaine au Proche-Orient

André Versaille éditeur

In Memoriam :

Le Parti travailliste israélien
Le « Camp de la paix » israélien

Pour Jean Frydman,
compagnon irremplaçable,
en hommage admiratif et fraternel.

Un grand merci affectueux
à Israel Elad-Altman,
excellent connaisseur du monde arabe
qui m'a beaucoup appris ;
et à André Versaille,
éditeur exigeant, attentif et amical.

Introduction

Le plus vieux conflit du monde contemporain attend toujours son dénouement. Pourtant, les conditions semblent réunies, et depuis fort longtemps : opinions publiques lasses de la guerre et prêtes aux sacrifices nécessaires à un compromis raisonnable, classes politiques largement convaincues que le *statu quo* a assez duré, consensus international absolu sur le contenu d'un accord possible, modèles existants d'un tel accord, fruits de longues négociations ayant « presque » abouti... Mais rien ne vient, sinon des espoirs sans cesse déçus et de brusques accès de violence qui en sont la sanction indéfiniment renouvelée.

Or, si la diplomatie fait du surplace, la situation sur le terrain évolue, et pas dans la bonne direction. Miné par les dissensions internes, son territoire grignoté par la colonisation, l'État palestinien en gestation est installé dans le discours universel, mais risque de ne jamais voir le jour. Pour les Israéliens, qui tardent à comprendre que leur sort est lié au sort des Palestiniens comme l'est celui des frères siamois, c'est une perspective apocalyptique. Désormais matérialisé par la « clôture de sécurité », leur ghetto armé est non seulement une caricature du rêve des Pères fondateurs ; c'est une caricature inefficace, qui ne pourra rien contre le Golem démographique qu'ils ont imprudemment fabriqué. Comme la grenouille et le scorpion de la fable, Israéliens et Palestiniens risquent de se noyer ensemble au milieu du Jourdain au lieu d'ensemble se sauver. À l'évidence, il leur faut une bouée de sauvetage.

Ce livre est né de ce constat amer. Mais aussi d'un fol espoir, soulevé par l'élection de Barack Obama à la présidence des États-Unis. La bouée de sauvetage, c'est lui ou nul autre, aujourd'hui ou jamais. Ce livre lui est dédié.

Il ouvre sur un bref développement historique qui tente de condenser la « logique » du conflit israélo-arabe et de son cœur israélo-palestinien. Non que je croie le passage par l'histoire indispensable pour le résoudre. Bien au contraire, le récit du passé, que chacun accommode à sa propre sauce, alimente des sentiments d'injustice indéfiniment ressassés, constitue une réserve inépuisable de revendications acrimonieuses et justifie le refus de la moindre concession. Il vaut donc mieux laisser l'histoire à la porte de la chambre des négociations. Mais elle est importante pour comprendre avec quel bagage on y entre. On ne négocie pas un traité de paix comme un contrat de vente.

L'essentiel vient après, et il tient en trois questions : d'où vient l'échec à répétition du « processus de paix » inauguré à Madrid, voici dix-huit ans déjà ? Pourquoi, livrées à elles-mêmes, les parties sont-elles incapables d'aboutir à la paix que tout le monde pourtant dit souhaiter ? Enfin, et surtout, pourquoi seule une intervention américaine déterminée serait-elle en mesure de les forcer à faire ce qu'il faut ? Ce qu'elles veulent, en fait, mais ne peuvent.

*

Pour qui vit au jour le jour le drame proche-oriental, sa centralité mondiale est un sujet de perpétuel étonnement, d'agacement aussi, parfois. Des millions d'hommes et de femmes souffrent et meurent à travers le monde, dans l'indifférence à peu près générale ; seul le Proche-Orient soulève les passions avec autant de constance.

Je me suis livré un jour au plaisir amer d'imaginer un monde sans l'État d'Israël – à une sorte de géopolitique fiction qui s'intitule « Si Israël n'existait pas » (*L'Histoire*, juillet 1997). Bien sûr, la région n'aurait pas eu le même visage. La Transjordanie ne serait pas devenue la Jordanie, la Syrie serait une puissance bien plus considérable qu'elle ne l'est, et personne n'imaginerait un État palestinien dans ce morceau méridional de la Grande Syrie. En effet, l'ironie de l'histoire est que ce nationalisme en miroir qu'est le nationalisme palestinien n'a pu s'épanouir que dans la confrontation avec le nationalisme juif. Cela n'a rien d'exceptionnel, c'est même une très vieille histoire, à l'origine même du fait national. Un mot d'Ernst Moritz Arndt, le poète nationaliste allemand de l'ère napoléonienne, me vient à l'esprit : les Français ont fait l'Angleterre, les Anglais ont fait la France, les Français feront l'Allemagne. Mais si l'État juif n'était pas venu au monde (ce qui aurait parfaitement pu arriver), cela n'eût point bouleversé les équilibres mondiaux. Aucun des grands défis auxquels est confrontée l'humanité depuis la fin de la Seconde Guerre mondiale – l'équilibre des blocs et la menace nucléaire, la guerre froide et la construction de l'Europe, les affres de la décolonisation et l'émergence du Tiers Monde, l'implosion de l'Union soviétique, « l'hyper-puissance » américaine et le désordre mondial, le terrorisme islamiste, et j'en passe – aucun n'eût été affecté en bien ou en mal par la non-existence de l'État juif.

Aussi bien, lorsque l'historien du futur se penchera sur les passions qui agitaient l'humanité autour de l'an 2000, il trouvera sans doute étrange que des hommes éloignés du théâtre des opérations aient pu s'empoigner avec autant d'ardeur sur une question qui ne les concernait qu'indirectement – une question, de surcroît, dont la solution lui paraîtra une affaire de bon sens. Mais l'historien du futur est le dernier de nos soucis. Car en attendant, les peuples souffrent et, si rien n'est fait, ils risquent de souffrir davantage et longtemps. Par intérêt bien compris comme par simple humanité, il faut les aider à s'en sortir.

L'ancien ministre des Affaires étrangères d'Israël, Abba Eban a dit un jour que les peuples ne se résolvaient aux solutions raisonnables qu'après avoir épuisé toutes les autres. Le pessimiste dira que c'est encore une vision trop optimiste, et que les peuples ne se résolvent à la vertu que poussés par la nécessité. L'historien se chargera ensuite de mettre un peu de logique dans leur folie.

Bruxelles, juillet 2009

En guise de prologue : la logique d'une guerre de Cent Ans

Comment rendre compte d'un conflit presque centenaire sans en raconter les péripéties, comment en raconter les péripéties sans se perdre dans les détails et assommer le lecteur ? En tentant d'en dégager à gros traits la « logique ». Mais comment définir la « logique » d'une guerre qui se poursuit toujours ? Après tout, les guerres d'Israël n'ont jamais été que des batailles – une longue guerre de Cent Ans, entrecoupée de trêves plus ou moins brèves, toujours instables. Ne faut-il pas attendre le dénouement d'une histoire afin de pouvoir l'embrasser tout entière ?

Enfin, comment rendre compte d'un conflit qui, plus que nul autre, soulève des passions fortes et contradictoires ? Car il faut bien l'admettre, les morts ne se valent pas. À la bourse mondiale du sentiment et de la justice, qu'on ait choisi un camp ou celui d'en face, une victime proche-orientale vaut davantage qu'une victime africaine, ou tchétchène, ou ouïghoure. Cette éminence sur l'échelle de la souffrance reconnue est aussi une donnée de l'histoire, et il vaut mieux l'accepter comme telle. Mais elle ne prédispose pas à l'objectivité historique.

Pour autant, tout pesé, je pense que l'exercice est possible, et qu'il en vaut la peine. Qu'il soit plus facile de parler des rois mérovingiens, dont tout le monde se moque, que du conflit israélo-arabe, qui passionne les foules, ne signifie pas qu'on ne puisse traiter le conflit israélo-arabe comme on traiterait les rois mérovingiens. Affaire d'objectivité, disait-on jadis, aux temps bénis de l'historiographie positiviste ; disons, plus modestement, de probité intellectuelle, ce qui revient à peu près au même. De mon métier d'historien, je me fais une idée simple et exigeante : écrire l'histoire de telle manière que l'historien du futur la trouve honnête et raisonnable. Essayons donc.

*

Fondamentalement, le conflit qui oppose depuis un bon siècle Juifs et Arabes au Proche-Orient est un affrontement entre deux mouvements nationaux concurrents. Il importe donc de dire un mot ou deux à propos de ces mouvements nationaux, finalement si mal connus en Occident.

Le mouvement national juif s'appelle le « sionisme », cette doctrine politique qui préconisait la création en Palestine d'un État-nation moderne par le « retour » en masse des Juifs sur leur terre ancestrale.

J'ai défini ailleurs le sionisme comme une « nécessité historique ». Je n'entends pas par là je ne sais quel déterminisme qui aurait fait du sionisme l'aboutissement nécessaire de deux millénaires d'histoire juive. Il s'agit simplement de constater que, dans le bouillonnement national de l'Europe centrale et orientale de la seconde moitié du XIXe siècle, c'est-à-dire là où se trouvaient concentrés les neuf dixièmes du peuple juif, un mouvement national juif ne pouvait pas ne pas voir le jour. L'Europe s'organisant en États-nations, il était inévitable que des esprits audacieux imaginent un État-nation juif comme la seule solution « moderne » à la sempiternelle « question juive ». Ainsi, lorsque Moses Hess, le père du sionisme politique (et du communisme allemand), publie dans la foulée de l'unification italienne son ouvrage fondateur *Rome et Jérusalem*, il lui donne ce sous-titre révélateur : *La dernière question nationale*. Bien sûr, les promoteurs du sionisme sentaient bien que le mouvement national juif n'était pas vraiment à l'image de tous les autres, ne fût-ce que parce que les peuples au milieu desquels ils vivaient disposaient d'un territoire bien à eux. Mais cette particularité, fruit d'une histoire malheureuse, ne leur semblait pas de nature à infirmer la validité de leur revendication. Là-bas, à l'est de l'Europe, les Juifs constituaient bien une « nation », dans le double sens ethnique et religieux que ce vocable y revêtait. Ils possédaient leurs langues, le yiddish et l'hébreu, se reconnaissaient dans un passé commun, avaient élaboré une culture vivante et riche, dont la religion ne constituait qu'un élément parmi d'autres. Le territoire lui-même existait bel et bien, même s'ils en avaient été dépossédés dans un lointain passé. Le nom même de *sionisme*, forgé par Nathan Birnbaum en 1890, liait génialement l'antique aspiration à Sion et la revendication moderne de l'accomplissement du moi national.

Que cette solution ne se soit pas imposée d'emblée à tout le monde, c'est l'évidence. Ce fut au début une idée ultra-minoritaire, presque bizarre, sans réelle prise sur les masses ni sur les intellectuels. L'aliénation du juif n'étant, pensait-on, qu'une forme particulière de l'aliénation de l'homme en général, d'autres solutions paraissaient plus raisonnables, notamment la révolution socialiste, à laquelle, on le sait, les Juifs devaient beaucoup donner. Ceux d'entre eux qui restaient attachés au nationalisme revendiquaient l'autonomie juive sur place, dans le cadre d'une nation polonaise, ou russe, ou roumaine émancipée. Leur principale expression politique fut le Bund, le parti ouvrier juif autonomiste créé à Vilnius en 1897, et qui allait devenir quelques mois plus tard le noyau du nouveau Parti ouvrier social-démocrate de Russie – le parti de Lénine. D'autres, une Rosa Luxemburg, un Léon Trotski, ne voyaient dans le judaïsme qu'une survivance anachronique artificiellement entretenue par l'antisémitisme, lui-même un produit de l'aliénation capitaliste. D'autres, enfin, comptaient sur les grands mythes fondateurs de la modernité libérale – le Progrès, la Science, la Démocratie – pour faire reculer les ténèbres de l'ignorance et couper une fois pour toutes les têtes de l'hydre antisémite.

Les sionistes participaient de cet état d'esprit, mais étaient sceptiques quant aux résultats escomptés. Les antisémites devaient leur donner raison. Ils étaient de droite et de gauche, conservateurs ou révolutionnaires. Sans eux, la « soif de Sion » serait restée ce qu'elle avait été pendant des millénaires, un mouvement de l'âme religieuse. Sans eux, point de sionisme.

On le voit bien, l'antisémitisme se retrouve à chaque tournant majeur du sionisme. Léon Pinsker, médecin d'Odessa et esprit émancipé s'il en est, publie son *Auto-émancipation* dans la foulée des pogroms de 1881, après quoi il prend la tête du mouvement protosioniste russe *Hoveveï Zion* (les Amants de Sion) ; et Theodor Herzl lui-même, le prototype de l'intellectuel juif assimilé d'Europe centrale, écrit son *État juif, essai d'une solution moderne du problème juif* après l'affaire Dreyfus, à laquelle il assiste en tant que correspondant d'un journal viennois. Herzl ne se contente pas d'écrire. Il convoque en 1897, à Bâle, le premier Congrès sioniste, crée l'Organisation sioniste mondiale, un journal et une banque, et propulse le mouvement sur la scène internationale. Le véritable fondateur du sionisme politique, c'est lui.

Cependant, il serait faux de considérer le sionisme comme l'expression de l'échec de l'émancipation inaugurée par la Révolution française. Comme le montre l'exemple de ces hommes, purs produits de l'émancipation à la française, le sionisme en est simplement l'autre face, la face collective. Là où l'émancipation individuelle s'avérait impossible, le sionisme suggérait l'émancipation nationale.

Il serait tout aussi faux d'imaginer le mouvement sioniste comme un bloc monolithique, comme on a tendance de le voir de nos jours. Le sionisme est un nom de famille, riche en tendances très diverses et souvent antagonistes. En fait, le mouvement a toujours reflété toutes les opinions et les idéologies qui ont fleuri dans l'Europe des XIXe et XXe siècles. Il y eut un sionisme « bourgeois » de droite, incarné dans le mouvement dit « révisionniste » de Vladimir Ze'ev Jabotinsky ; un sionisme « bourgeois » libéral, dont Chaïm Weizmann, l'homme qui a arraché aux Anglais la fameuse déclaration Balfour de novembre 1917 et qui sera le premier Président de l'État d'Israël, aura été le meilleur représentant ; et, surtout, un sionisme de gauche, qui, de l'extrême gauche marxiste, révolutionnaire et collectiviste du Mapam (le Parti ouvrier unifié) jusqu'au travaillisme de Ben Gourion et de ses amis du Mapaï (le Parti des Ouvriers de Palestine), a épousé toutes les nuances idéologiques de la gauche européenne. Si c'est la gauche travailliste qui a fini par s'identifier avec l'entreprise sioniste, c'est bien sûr parce qu'elle s'est emparée à partir des années 1930 de tous les leviers du Yishouv (la communauté juive de la Palestine mandataire), puis de l'État, et qu'elle ne les a plus lâchés jusqu'au « renversement » de mai 1977 qui a permis pour la première fois l'accession de la droite au pouvoir. Mais si elle s'est assuré une telle emprise sur le pays, c'est parce que ses chefs, Ben Gourion en tête, ont su combiner idéologie ouvriériste et pragmatisme politique, et, dans une réalité bizarre, où les partis ont précédé l'État et le syndicalisme une classe ouvrière digne de ce nom, inventer les outils dont ils avaient besoin pour coloniser la terre (le *kibboutz* et le *moshav*), développer le pays (la *Histadrouth*, l'énorme centrale syndicale créée en 1920), défendre le Yishouv (la *Haganah*, l'organisation clandestine de défense fondée la même année) et mettre en place les institutions de l'État en gestation.

Cependant, au-delà des divergences doctrinaires et stratégiques d'une véhémence inouïe, allant parfois jusqu'à l'affrontement physique, le sionisme a dû son succès historique à deux facteurs qui l'ont rendu unique dans le paysage juif de l'époque : toutes les tendances du mouvement ont partagé la même analyse – noire – de la condition juive en Diaspora ; et, en raison même de sa diversité, il a su prendre en compte l'ensemble de l'histoire juive. La Shoah devait lui donner tragiquement raison sur le premier point, lui conférant du coup le caractère d'évidence qui lui faisait défaut jusque-là et ralliant autour de ses chefs l'essentiel de ce qui restait du peuple juif ; la création de l'État d'Israël lui donnera raison sur le second.

J'ai dit « succès historique ». Bien sûr, cela dépend de l'aune à laquelle on mesure la réussite d'une idéologie politique. Le but premier, commun à toutes ses tendances, du sionisme politique ayant été l'établissement d'un État juif souverain en Palestine, constatons d'abord que ce but a été atteint. L'étonnante prophétie d'Herzl (« À Bâle, j'ai fondé l'État juif [...]. Dans cinq ans peut-être, dans cinquante ans sûrement, chacun le verra ») s'est réalisée à quelques mois près : le 14 mai 1948, David Ben Gourion proclamait au Musée de Tel-Aviv l'État d'Israël. Contrairement à l'attente de la plupart des observateurs, cet État a résisté victorieusement à l'assaut de ses voisins et a évolué au cours des ans en une entité nationale puissante, qui a passé avec succès les tests redoutables qui lui étaient imposés : il a été le cadre au sein duquel un très vieux peuple dispersé s'est mué en une nation moderne ; il a permis l'éclosion d'une culture originale et dynamique, fondée sur une langue ressuscitée ; il a accueilli, dans un effort d'intégration sans exemple dans les annales des nations, les restes des communautés décimées d'Europe et pratiquement la totalité des communautés des pays de l'islam ; et il a fait tout cela dans des conditions dramatiques, et tout en maintenant ses structures démocratiques et les libertés fondamentales de ses citoyens. En même temps, le sionisme est bel et bien devenu l'idéologie de l'ensemble du peuple juif, et l'État, son pôle de référence et de reconnaissance – dans les mots de Ben Gourion, la « nouvelle interprétation du peuple juif ». Pour la première fois depuis l'Exil, la simple existence de l'État forçait les Juifs du monde entier à se déterminer par rapport à lui, en leur offrant le choix entre l'existence diasporique et l'option nationale. Enfin, l'État a changé radicalement l'image du Juif et, s'il n'a pas mis fin à l'antisémitisme, loin s'en faut, il en a liquidé au moins un certain nombre de présupposés.

Résumons donc : en réinsérant, comme il en avait l'ambition, le peuple juif dans l'Histoire, en en faisant un sujet actif et volontaire, le sionisme politique a largement rempli son contrat.

Mais on n'accomplit jamais complètement une idéologie : la République, on le sait, n'est jamais aussi belle que sous l'Empire. Le sionisme politique et l'État qu'il a enfanté n'échappent pas à la règle commune. Pour une part, ils en sont innocents. La tragédie du premier est d'avoir pris son essor à une époque où ses ambitions se heurtaient nécessairement au nationalisme arabe naissant et d'avoir dû son aboutissement à une catastrophe inouïe, la Shoah, qui l'a privé du même coup des forces vives du peuple au nom duquel il agissait. Le drame du second est d'être né et d'avoir grandi dans la guerre. Pour une part donc, ce sont les circonstances historiques de sa naissance et de son évolution qui ont rendu l'État juif incapable d'accomplir pleinement le projet doublement normalisateur du sionisme politique : la normalisation de l'existence juive ; et celle de la place des Juifs parmi les nations. Voyons cela d'un peu plus près.

*

Le drame du sionisme, donc, est qu'il est arrivé tard dans l'histoire et qu'il ne pouvait se réaliser que dans un pays habité. Que les sionistes, héritiers séculiers de la longue mémoire juive, aient considéré ce pays comme leur – dans « sionisme » il y a « Sion », comme le mont du même nom à Jérusalem, et, par extension, comme Jérusalem elle-même –, ne changeait rien à la perception de ses habitants arabes, qui, eux, n'avaient aucune raison de sacrifier à leur idéologie. Les premiers ont vu dans leur implantation un « retour » ; les seconds, une conquête coloniale. Plus tard, au sortir des camps de la mort de la Seconde Guerre mondiale, les premiers l'ont considérée aussi comme une réparation pour les souffrances subies ; les seconds comme une injustice, puisqu'on leur faisait payer pour un forfait dont ils étaient innocents. Il ne sert à rien de sonder la « vérité » de l'une ou l'autre assertion. C'est de perceptions subjectives qu'il s'agit, solidifiées d'emblée en credo idéologiques. L'historien ne peut que constater la manière implacable dont s'est nouée la tragédie : ceux-là ne pouvaient renoncer à leur projet national, ceux-ci étaient incapables d'accepter de partager leur terre avec ceux qu'ils considéraient comme des intrus.

J'ai toujours été frappé par le côté tragédie grecque du drame qui s'est noué au Proche-Orient. Les esprits simples, qui ont choisi une fois pour toutes leur camp et s'y tiennent avec l'énergie de leur passion, ne l'aperçoivent pas. Prosionistes, ils oublient que les peuples n'ont pas l'habitude de se serrer pour faire de la place à un autre peuple ; antisionistes, ils ne savent pas, ou font semblant de ne pas savoir, que les États se bâtissent dans le sang et les larmes, la violence et l'injustice. Plus personne ne lit Machiavel, et c'est bien dommage. Comme le dit très bien un personnage de Koestler, on n'a jamais rien écrit de mieux sur la morale en politique.

Face au mouvement sioniste, qui envoie en Palestine ottomane, puis britannique, les premières vagues d'immigration, un mouvement national arabe s'organise également, sur les décombres de l'Empire ottoman. Mais il est obéré d'emblée par trois séries de causes. La première tient au caractère patriarcal, préindustriel et semi-féodal de la société arabe de l'époque. Il faut s'en souvenir, une des clefs de compréhension du conflit israélo-arabe et israélo-palestinien est l'écart considérable entre une société du premier monde et une société du Tiers Monde. Deuxième série de causes, les divisions insurmontables qui ont toujours empêché le monde arabe de présenter un front uni face à ses adversaires. Entre le rêve historique d'une *Oumma* arabo-musulmane bâtie sur une civilisation partagée et unifiée autour du Coran, et la réalité d'une multitude d'États issus de la colonisation, chacun avec ses intérêts propres et développant un nationalisme spécifique, la réalité a empêché le rêve de se réaliser, le rêve a malmené la réalité. Enfin, troisième série de causes, les grandes puissances ont façonné la région au gré de leurs intérêts, sans trop se préoccuper, on s'en doute, des réalités comme des rêves des protagonistes du drame proche-oriental.

Voyez l'aventure des Hachémites du Hedjaz, cette dynastie du désert qui fait figure de chef d'un mouvement national arabe encore embryonnaire. Pour prix de leur soutien dans la guerre contre l'Empire ottoman, les Britanniques leur promettent un grand royaume arabe, s'étendant de la péninsule arabique à la Syrie. Petit problème, ils promettent en même temps aux Juifs de les aider à ériger en Palestine leur « foyer national », en clair, un État-nation – c'est la fameuse déclaration Balfour de novembre 1917. N'y aurait-il là, diriez-vous, comme une contradiction ? Eh bien, à l'époque, le roi Hussein du Hedjaz est prêt à s'en accommoder. Attitude qui nous paraît surréaliste aujourd'hui, il voit même une convergence d'intérêts entre le sionisme et le mouvement national arabe, et n'hésite pas à inviter les Juifs à retourner dans « leur sainte patrie tant aimée ». Son fils Fayçal lui fait écho après une entrevue plus que cordiale, à Akaba, avec Chaïm Weizmann, le principal leader sioniste à l'époque : « Pas un seul Arabe véritable ne peut nourrir de soupçons à l'égard du nationalisme juif, ou en être effrayé... Nous luttons pour la liberté arabe, et nous nous en montrerions indignes si nous ne disions aux Juifs, comme je le fais, soyez les bienvenus de retour à la maison...[1] ».

En mars 1919, à la Conférence de paix de Paris où il représente les Arabes, l'émir assure derechef le mouvement sioniste de la « sympathie la plus profonde » de son peuple, et explique à quel point les deux mouvements nationaux, loin de se faire concurrence, se complètent l'un l'autre dans le combat commun.

Mais les Anglais ne s'arrêtent pas en si bon chemin. Au moment même où ils offrent aux uns et aux autres ce qu'ils souhaitent, ils savent qu'ils ne sont pas en mesure de le leur donner. En effet, ils sont déjà liés aux Français par les accords dits Sykes-Picot, qui découpent le Proche-Orient en zones d'influence, érigés bientôt en mandats internationaux : à eux la Palestine, aux Français la Syrie et le Liban.

Aussi bien, lorsque Fayçal se présentera aux portes de Damas pour prendre possession de « son » royaume, il se fera proprement éjecter par les forces françaises d'occupation. Exit le grand royaume arabe.

Ce n'est pas tout. Comme il faut bien dédommager les Hachémites, les Britanniques détachent de la Palestine, donc du « foyer national » promis aux sionistes, la

---

1 Texte (anglais) de l'accord Fayçal-Weizmann et de la correspondance entre ce dernier et Felix Frankfurter, président de l'Organisation sioniste d'Amérique, *in* www.amislam.com/feisal.htm.

Transjordanie, qu'ils érigent en émirat au bénéfice d'Abdallah, le frère de Fayçal. C'est ainsi que se met en place, par touches successives, le décor de l'affrontement à venir.

Ne soyons pas trop durs avec la duplicité de la perfide Albion ; ces choses-là étaient dans l'ordre des choses colonial, et nul n'aurait fait mieux qu'elle. Et puis, et surtout, cet affrontement obéissait à son propre mouvement, à sa propre « logique ». Cette logique était, si j'ose dire, d'une simplicité biblique : d'un côté de la barricade, un mouvement national né sous d'autres cieux, mais qui s'estimait en droit de revendiquer une terre à laquelle le rattachaient les liens légitimes de la mémoire et de l'histoire ; de l'autre, un peuple accroché à cette même terre par le droit de possession effective. Celui-là s'implante donc dans le pays avec la ténacité de l'idéologie et de la nécessité, achète systématiquement des terres à des propriétaires arabes, qui, au mieux, ne savent pas ce qu'ils font, met en place des institutions propres et élabore une culture originale ; celui-ci sent le pays lui échapper, et réagit par la violence.

Cependant, il est certain que l'échec de Fayçal en Syrie aura été décisif pour l'évolution du mouvement national arabe en génwéral, et palestinien en particulier. Bloqué par les Français à Damas, le nationalisme arabe, suivant la ligne de moindre résistance, se déplace à Jérusalem. Fin 1920, un Congrès arabe palestinien, très activiste, se déclare hostile à la fois au Mandat britannique et au mouvement sioniste. En avril de l'année suivante, le fameux Hadj Muhammad Amin al-Husseini devient Mufti de Jérusalem, puis, en 1922, président du Conseil musulman suprême – en principe corps purement religieux, en fait le principal vecteur du nationalisme palestinien naissant.

Les premiers événements graves ont lieu en mai 1921 : une semaine d'émeutes sanglantes qui se solde par une centaine de victimes juives et arabes. En août 1929, après une harangue véhémente du Mufti à Jérusalem, une flambée de violences embrase le pays, laisse 133 Juifs et 97 Arabes sur le carreau et anéantit l'ensemble de l'antique communauté juive d'Hébron. Enfin, sur fond de montée des fascismes en Europe, d'immigration juive accrue en Palestine et de tentatives désespérées de l'administration britannique de gérer une situation explosive, s'allume au printemps 1936 la grande révolte arabe, antibritannique et antijuive.

En face, les Juifs s'organisent. Ils disposaient déjà d'un noyau de force militaire, la Haganah (« Défense »), créée dès le début des années 1920 par la gauche sioniste et repris en main aussitôt par la Histadrouth, la toute-puissante fédération ouvrière de la Palestine mandataire. Pendant la révolte des années 1930, la Haganah recrute, se lance dans un programme clandestin d'entraînement et de fabrication d'armes et de munitions, affûte ses méthodes de combat. En mai 1941, elle crée le Palmah, ou « unités de choc ». C'est déjà une force de combat considérable, la véritable armée de l'État en gestation. Les camps en présence sont prêts pour la guerre civile, en attendant, dès la création de l'État juif, en mai 1948, la guerre totale.

La solution raisonnable était le partage. C'est une vieille idée, imposée par la nature même du conflit : deux mouvements concurrents se battent pour le même bout de terre – quoi de plus raisonnable que de leur proposer de se partager ce bout de terre, afin que chacun puisse accéder à la dignité nationale ? Dès 1939, une commission royale britannique venue enquêter sur place sur les raisons de la grande révolte arabe qui a éclaté trois années auparavant, la Commission Peel, préconise la partition du pays. Enterrée par la Seconde Guerre mondiale et la volonté britannique à conserver cette étape jugée capitale sur la route des Indes, l'idée du partage refait surface au sortir de la guerre.

Trois faits nouveaux lui confèrent désormais la force de l'évidence. Le premier concerne le statut du sionisme au sein du peuple juif. En mettant à mort le tiers du peuple juif, les nazis ont rassemblé les deux tiers restants autour de la solution nationale de la question juive, autrement dit du sionisme. Bien sûr, il a continué d'exister des Juifs de droite et des Juifs de gauche, des Juifs révolutionnaires et des Juifs conservateurs, des Juifs religieux et des Juifs agnostiques. Mais, sauf dans les marges, ils étaient désormais tous sionistes, même ceux qui ne l'étaient pas. Car ce n'était plus uniquement une question d'idéologie, ni même une manière désespérée d'admettre que les sionistes avaient eu tragiquement raison. C'était simplement une question d'ordre pratique : des centaines de milliers de

Juifs d'Europe centrale et orientale, entassés dans les camps de « personnes déplacées » (DP's) d'Allemagne, d'Autriche et d'Italie, n'avaient tout bonnement pas où aller.

Le second fait concerne le statut du sionisme parmi les Gentils. En effet, les nazis ont fait mieux que « déshonorer l'antisémitisme », selon le mot méprisable de Bernanos ; ils ont gagné au sionisme la sympathie de l'Occident. Étrange phénomène. Tous les gouvernements occidentaux, sauf la Grande-Bretagne, vont soutenir la création d'un État juif au mépris de la plus élémentaire raison d'État. Ce n'est pas un hasard si les ministères des Affaires étrangères ont été partout, États-Unis compris, hostiles au partage de la Palestine. Eux pouvaient se flatter d'agir au nom des intérêts stratégiques, coloniaux, pétroliers, de leurs pays ; sous la pression de leurs opinions publiques, et d'ailleurs cédant à leurs propres penchants, les gouvernements agissaient, eux, au nom de la culpabilité.

Le troisième fait concerne l'arène internationale. L'ordre mondial qui avait prévalu pendant un bon demi-millénaire a vécu. Sur les ruines de l'ancien « concert des puissances », fondé sur l'équilibre de forces au sein d'un club exclusif dont les membres se comptaient sur les doigts de deux mains, les deux grands vainqueurs de l'Allemagne hitlérienne ont imposé un ordre inédit, bipolaire, qui réduit tous les autres au rang de comparses. Lorsque, deux décennies plus tard, en pleine crise de mai 1967, le général de Gaulle pressera le président Johnson d'acquiescer à une « concertation des Quatre

Grands », on entendit l'Américain, excédé, grommeler : « Les Quatre Grands ? Qui diable sont les deux autres ? »

Pendant un moment bref, mais que Ben Gourion a su exploiter avec brio, ce nouvel ordre mondial a été bon pour les sionistes et très mauvais pour les Arabes. Le seul soutien de ces derniers, la Grande-Bretagne, était essoufflé par l'effort de guerre, isolé dans l'arène internationale et sans espoir sur place. Le pays, manifestement, lui échappait. Par ailleurs, les Arabes ne sortaient pas grandis de la guerre, c'était du moins l'opinion commune en Occident, dont de Gaulle lui-même devait se faire l'écho plus tard dans ses *Mémoires*. On se souvenait plus volontiers du coup pronazi de Rachid Ali en Irak ou de l'alliance nouée avec Hitler par Hadj Amin al-Husseini, Grand Mufti de Jérusalem, que des milliers de soldats maghrébins qui avaient participé à la Libération. Juchés sur leurs monceaux de cadavres, les Juifs avaient soudain beaucoup d'amis – à l'Ouest, comme on l'a vu, mais aussi à l'Est, puisque Staline, soucieux d'en finir avec la présence britannique au Proche et au Moyen-Orient, s'était brusquement converti au sionisme. Cela devait lui passer très vite ; mais en attendant, ce bref miracle allait permettre à la toute jeune Organisation des Nations unies de porter l'État juif sur les fonts baptismaux.

On l'oublie trop souvent, la résolution de l'Assemblée générale de l'ONU du 29 novembre 1947 prévoyait la création de *deux* États sur le territoire de l'ancienne Palestine mandataire, un État juif et un État arabe. Les

Juifs ont accepté avec enthousiasme la résolution de l'ONU, et, à Tel-Aviv, on a dansé cette nuit-là dans les rues. Les Arabes l'ont rejetée avec indignation. Il est probable que, s'ils l'avaient acceptée, un État juif ainsi installé sur un territoire minuscule en peau de serpent se serait étiolé. En tout cas, le sort de cette région eût été différent. Il n'y aurait pas eu de « problème de réfugiés », ni d'irrédentisme palestinien, ni la série de guerres qui se sont emboîtées comme des poupées russes, chaque trêve cachant le conflit déjà en gestation. Ils en ont décidé autrement et, dans la situation de l'époque, on peut les comprendre. Il est trop facile de les renvoyer aujourd'hui à ce refus primordial. Pour les Juifs, la reconnaissance par la communauté des nations de leur fait national, en Palestine, constituait une éclatante victoire ; pour les Arabes, c'était une rude défaite. Toujours est-il qu'ils ont perdu, et que la guerre d'Indépendance des Juifs a été la *naqba* (la catastrophe) des Arabes. L'État juif a agrandi son territoire ; plus de 700 000 Arabes palestiniens, poussés par la peur ou chassés *manu militari*, ont pris le chemin de l'exil. C'est là, dans la misère des camps et la rancœur de la défaite, que va se forger la nation palestinienne.

Pourquoi les accords d'armistice signés à l'issue de ce premier round n'ont-ils pas débouché à terme sur des accords de paix ? Pourquoi, malgré l'évidente bonne volonté des uns et des autres et l'entregent du médiateur de l'ONU, l'excellent Ralph Bunche, n'a-t-on pas réussi à transformer l'essai ? Pourquoi a-t-on permis que s'enclenchât le mécanisme de la guerre perpétuelle, dont nous ne voyons toujours pas la fin plus d'un demi-siècle plus tard ? Les raisons du gâchis sont, comme toujours, complexes. L'historien y met bon ordre, les rationalise, les hiérarchise. Dans la vie, elles se présentent plutôt comme un faisceau enchevêtré.

L'une a été sans conteste la rivalité des grandes puissances. Passé ce bref moment d'improbable accord, la guerre froide reprend ses droits, chacun des deux chefs de camp organisant le sien en fonction de ses intérêts propres. Non qu'Israéliens et Arabes n'aient été que des pions dans une partie qui les dépassait : seuls les esprits simples s'imaginent que les grands peuvent tout et les petits rien. Mais la logique bipolaire attisait nécessairement les braises, tout en veillant à régler l'intensité de l'incendie. Surtout, elle interdisait aux deux Grands d'œuvrer ensemble pour mettre fin au conflit. Comme l'a prouvé la crise de Suez, où Américains et Soviétiques, pour une fois unis, ont mis fin sans coup férir à l'aventure anglo-franco-israélienne, eux seuls étaient en mesure d'imposer la paix, au Proche-Orient comme ailleurs. Dans le contexte de la guerre froide, c'était à proprement parler impensable.

Une autre raison a été la réaction de rejet arabe. Si l'implantation sioniste a été d'emblée mal vécue, la création d'un État juif au cœur de l'*Oumma* musulmane a été considérée comme une insupportable agression, et cet État comme un corps étranger, une épine fichée dans la chair arabe. Peuple de *dhimmis*, de protégés en terre d'islam, voici que les Juifs accèdent à la souveraineté, sont même victorieux sur le champ de bataille. Dans l'économie de l'histoire conçue par les musulmans, un tel scénario n'était ni prévu ni probable. En passant soit dit, cet étonnement douloureux face à la tournure que prenaient les événements au Proche-Orient n'était pas l'apanage des musulmans. N'oublions pas que si l'Église catholique a mis un demi-siècle à reconnaître *de jure* l'État d'Israël, c'est aussi parce que le rétablissement de la souveraineté juive en Terre sainte lui jetait un redoutable défi théologique, que seul un homme de la trempe d'un Jean-Paul II allait être en mesure de relever.

Cependant, pour importante qu'elle fût, cette dimension du problème ne fut pas la seule, peut-être pas même l'essentielle. Après tout, l'émir Abdallah de Transjordanie n'était pas moins bon musulman que ses pairs, ce qui ne l'a pas empêché de tout faire pour aboutir à un accord avec les Juifs. Il y est d'ailleurs presque parvenu. Généralissime des forces arabes pendant la première guerre israélo-arabe de 1948, il a mené en fait une campagne très personnelle, et il a été le seul à atteindre ses objectifs de guerre : il s'est emparé de la Cisjordanie et de la Vieille Ville de Jérusalem, les a annexées unilatéralement, a érigé ainsi son émirat en royaume, et a offert aux réfugiés palestiniens la citoyenneté jordanienne. Il lui restait à consolider son État par un accord en bonne et due forme avec l'État hébreu. Le couteau d'un musulman fanatique l'en a empêché. Un assassinat politique – déjà – tuait dans l'œuf ce qu'on n'appelait pas encore le « processus de paix ».

L'exemple tragique du souverain hachémite met à nu, *a contrario*, ce que je considère être la principale raison de l'implacable logique de guerre à l'œuvre dans la région : la grande faiblesse des États arabes, créatures d'emprunt, illégitimes aux yeux de leurs propres populations. Incapables de s'unir dans la guerre, les États et les élites arabes se sont unis contre la paix. Divisés sur tout, tantôt rivaux et tantôt franchement ennemis, ils ne pouvaient trouver un semblant d'unité qu'autour de deux symboles puissants : la question palestinienne et le scandale de l'existence d'Israël.

Bien entendu, je n'entends nullement nier la réalité de ce qui n'était pas encore une question nationale, mais déjà un problème douloureux de réfugiés éparpillés dans des camps de fortune dans tous les pays voisins. Mais les solutions existaient. On n'en a pas voulu. Il fallait que la plaie des réfugiés restât ouverte et purulente, afin que le conflit eût une raison de se perpétuer. Après tout, les accords d'armistice contenaient en germe la reconnaissance d'Israël, et aucun différend, territorial ou autre, ne mettait aux prises l'État hébreu avec aucun de ses voisins. On n'a pas voulu résoudre le problème. Et l'ONU a joué le jeu, en transformant tout un peuple en une nation d'assistés.

Enfin, dans ce concert de malheurs, Israël a joué sa propre partition. Convaincu de la volonté de ses voisins à le détruire et cultivant avec une sorte de délectation morose le « seul contre tous », l'État juif s'est persuadé que seule la force allait tenir ses ennemis à une distance respectueuse. Face aux incursions des *feddayin* palestiniens de Cisjordanie et de la Bande de Gaza, il a ainsi mis au point d'emblée une politique du coup de poing, dont la brutalité était censée avoir valeur dissuasive. Une autre politique était-elle possible ? Une approche plus modérée, qui fît l'économie des représailles sanglantes qui ont émaillé les années 1950, a été défendue par Moshé Sharett, éphémère Premier ministre, ministre des Affaires étrangères de Ben Gourion et son éternel souffre-douleur.

À vrai dire, avec toute la sympathie que j'éprouve pour l'humanisme de Sharett, je ne pense pas que cela eût changé grand-chose. La raison en est simple. Israël n'avait rien à offrir en échange à ses voisins si ce n'était sa propre disparition. En effet, ses voisins ne lui demandaient rien – on ne demande rien à quelqu'un dont on refuse l'existence, dont on ne prononce jamais le nom, et qui n'est qu'une tache blanche sur la carte.

Il n'y avait pas encore de territoires occupés, le mouvement national palestinien, dont le Fatah devait être le fer de lance, n'existait pas encore, mais, à l'heure du panarabisme flamboyant du colonel Nasser, la paix avec l'État juif ne faisait vraiment pas partie du programme. Rondement battu sur le champ de bataille de la campagne de Suez, en octobre 1956, le raïs a su transformer une défaite militaire cuisante en victoire politique, grâce à cette coalition diplomatique inédite soviéto-américaine que j'évoquais tantôt. Pourquoi aurait-il négocié avec Israël, alors que d'autres tiraient pour lui les marrons du feu, en négociant à sa place ?

Le grand tournant de notre guerre de Cent Ans a été la fulgurante campagne des Six Jours, dont Nasser a été à la fois l'artisan et la victime. Je tiens en effet la conquête de la Cisjordanie, de la Vieille Ville de Jérusalem et de la Bande de Gaza, en juin 1967, pour un miracle et une bénédiction. Non, on s'en doute, pour cette conquête en elle-même. J'ai toujours été un opposant farouche à l'occupation, qui étouffe l'occupé et ronge le ressort moral de l'occupant. Mais parce que cette occupation a brutalement bouleversé les paramètres de l'équation proche-orientale. Pour la première fois, en effet, Israël *avait* quelque chose à offrir à ses voisins. Pour la première fois depuis sa création, il disposait d'une monnaie d'échange autre que sa propre annihilation. D'ailleurs, le premier choc passé – les fameux « trois non » de la Ligue arabe réunie à Khartoum le 1er septembre 1967 : non à la reconnaissance d'Israël, non à la négociation avec Israël, non à la paix avec Israël –, le vocabulaire arabe s'est mis, peu à peu, à évoluer. « Israël » remplaçait « l'entité sioniste », la récupération des territoires perdus se substituait à sa liquidation, la revendication d'un État palestinien souverain dans les frontières de 1967 à la mise en place d'une Palestine une et démocratique – formule élégante censée faire passer la pilule amère de la destruction de l'État juif.

Hélas, par un de ces chassés-croisés dont l'histoire a le secret, au moment même où la nouvelle donne semblait ramener les Arabes au réalisme politique, Israël faisait le chemin en sens inverse. Tétanisés par la redécouverte du berceau de l'Israël biblique, une minorité de fanatiques a vu dans les conquêtes de juin 1967 le doigt de Dieu, cependant que la majorité de leurs compatriotes n'ont su leur opposer que lassitude idéologique, inertie politique et veule complaisance. C'est ainsi que la colonisation des territoires occupés et l'émergence d'un néo-sionisme messianique qui a fini par dicter l'ordre du jour de la nation, ont fait d'une opportunité un fardeau.

C'est à partir de ce moment qu'Israël s'est trouvé écartelé entre une démocratie qui fonctionne convenablement en deçà de la « Ligne verte » et une zone de non-droit au-delà. Une démocratie qui fonctionne convenablement n'est pas une démocratie parfaite – on le sait depuis Rousseau, celle-ci est réservée aux dieux. Mais c'est un régime fondé sur le principe *one man, one vote* et l'indépendance du judiciaire, et où les libertés publiques et les droits de la personne sont protégés par la loi et l'esprit des institutions. Tout cela existe en Israël. Affirmer qu'un État juif ne saurait être un État démocratique se justifie peut-être en théorie, mais les sociétés humaines ne vivent pas en théorie. Autrement, la Turquie, où la séparation de la religion et de l'État est rigoureuse, serait plus démocratique que le Danemark, où le luthéranisme est religion d'État. Mais si tout cela existe en Israël, rien de tout cela n'existe dans les territoires occupés.

Et c'est à partir de ce moment qu'Israël a commencé à perdre la légitimité internationale dont il bénéficiait jusqu'alors. Car, autant que dans les relations d'Israël avec ses voisins, dans ses relations avec les nations la guerre des Six Jours aura été un vrai tournant : avant, les deux grandes idéologies de la gauche progressiste, la mémoire de la Shoah et l'anti-impérialisme, travaillaient au bénéfice d'Israël ; depuis, elles travaillent contre Israël. La « nouvelle judéophobie » (Pierre-André Taguieff) ne se réduit pas à cela ; mais elle y trouve ses sources. La critique, même acerbe, de la politique des gouvernements successifs d'Israël s'impose, et d'ailleurs, les Israéliens ne s'en privent pas. En revanche, la mise en cause de son idéologie fondatrice et de sa légitimité est moralement inacceptable et politiquement contre-productive. La Terreur jacobine a été une affaire scélérate ; mais elle n'infirme en rien les « principes de 89 ».

Pour autant, les effets bénéfiques de la guerre des Six Jours ne sont pas passés par profits et pertes de l'histoire, loin s'en faut. C'est à cette guerre que nous devons tout de même la politisation du conflit proche-oriental, c'est-à-dire sa transformation d'un affrontement de type religieux, dont la seule issue concevable est l'élimination d'un des adversaires, en un conflit territorial, susceptible d'être résolu par la négociation et le compromis. Si la guerre des Six Jours s'est apparentée au premier type, celle du Kippour, ou du Ramadan, comme on voudra, s'est apparentée au second. Pour le président Sadate, en effet, il ne s'agissait plus d'éradiquer Israël, mais de remettre la région en mouvement afin de récupérer le Sinaï. Ce qu'il fit, en signant dans la foulée le premier accord de paix entre un État arabe, et non le moindre, avec l'État juif. La route était ouverte pour la Jordanie, hier, pour l'ensemble du monde arabe sans doute, demain.

À condition, bien sûr, de régler le contentieux palestinien. Car ce fut là le dernier effet de la guerre des Six

Jours : de ramener le problème israélo-arabe à son noyau dur israélo-palestinien : à l'affrontement de deux peuples, de deux mouvements nationaux sur le même bout de terre. C'est là le vrai nœud gordien, qu'il faudra bien trancher un jour. Le conflit d'Israël avec les États arabes, proches ou lointains, n'a jamais été que fantasmatique ; avec les Palestiniens, il est bien réel.

Il semblait, lui aussi, en bonne voie de résorption. Au bout de vingt ans d'occupation sans entrave, le soulèvement palestinien de décembre 1987 débouchait sur le processus prometteur d'Oslo. Or, si la première Intifada était parfaitement justifiée – avec un horizon politique bouché, il n'y avait simplement pas d'autre option –, la seconde, en revanche, « militarisée » et anarchique, a été un mauvais coup contre la paix et contre la cause palestinienne. Le même chassé-croisé que nous observions tantôt, semble se reproduire derechef, à échelle réduite et à fronts renversés. Au moment même où l'immense majorité des Israéliens et la quasi-totalité de leur classe politique ont compris l'inéluctabilité d'un État palestinien en Cisjordanie et dans la Bande de Gaza, une partie des Palestiniens font le chemin en sens inverse. C'est là le sens profond de l'accession du Hamas aux affaires.

*

Les détails importent peu, bien que le diable soit réputé y loger ; c'est la logique de tout cela qu'il nous faut saisir. Faire fi de cette logique, c'est se condamner à la régression du politique vers le religieux et se résigner à cent ans de guerre de plus. Il s'agit donc de comprendre enfin qu'il n'y a pas de solution militaire à ce conflit et revenir au partage, tout simplement. La même logique qui a présidé au conflit pousse à sa solution. Quoi que l'on pense dans l'abstrait de la solution binationale, il est évident que les Israéliens n'accepteront jamais de renoncer à un État où les Juifs, majoritaires, soient libres de déterminer leur destin collectif. Il en va de même pour les Palestiniens. C'est dire que le débat sur le sionisme est une querelle d'école qui ne nous mène nulle part. Ce qu'il nous faut, c'est un cadre de négociation imposé par la communauté internationale, dont la passivité est un scandale. La solution existe ; il suffit, excusez du peu, de la mettre en œuvre.

Le « processus de paix » : leçons d'une faillite

Ainsi, le plus long conflit du monde contemporain s'achemine tout doucement vers le record historique absolu. Avec de bonnes chances d'y parvenir : après tout, la guerre de Cent Ans n'a duré que cent seize ans. C'est aussi le conflit le plus bizarre. Une des parties n'est toujours pas reconnue par certains de ses adversaires. Ces derniers appartiennent à une coalition étrange, vaste sur le papier, mais profondément divisée sur le terrain.

Les deux camps se sont tout de même résolus à en finir, et ont entamé en conséquence un « processus de paix » long et tortueux, qui, au bout de dix-huit ans de tractations épuisantes, a produit peu de résultats, beaucoup de violence et un énorme paradoxe : les adversaires savent ce qu'il faudrait faire, se disent prêts à s'y résoudre, mais s'en montrent incapables.

Cependant que, de l'extérieur, une grande puissance tutélaire les y encourage gentiment, jusqu'ici avec l'efficacité d'un cautère sur une jambe de bois...

Oslo, une révolution gâchée

La promesse…

Curieusement, rien de grand ne se passe au Proche-Orient à l'initiative des Américains, rien de grand ne s'y accomplit sans leur intervention. Déjà, le voyage d'Anouar el-Sadate à Jérusalem avait désagréablement surpris le président Carter, qui avait mis au point, lui, un plan grandiose de règlement de l'ensemble du contentieux israélo-arabe, Syriens et Palestiniens compris. Pis, l'initiative du raïs égyptien était censée précisément contourner son plan. Mais il a su surmonter ce mouvement d'humeur et, sans lui, le gambit héroïque de l'Égyptien aurait débouché sur le néant. À Camp David, il a accouché au forceps de l'accord de paix entre Israël et la principale puissance arabe. Cette paix, ce fut son œuvre et la grande affaire de sa présidence.

Quinze ans plus tard, il en fut de même pour Oslo. Comme Jimmy Carter et son administration, Bill Clinton et la sienne furent pris de court, à l'instar d'ailleurs des dirigeants israéliens de l'époque, Yitzhak Rabin et Shimon Pérès. Ce formidable coup diplomatique fut le travail d'une poignée d'intellectuels israéliens proches de ce dernier et de quelques émissaires palestiniens de second rang qui l'ont concocté dans le plus grand secret, sous couvert de colloques académiques. Là encore, passé le premier moment de stupeur (et de mauvaise humeur), Clinton prit l'affaire en main. Et ce fut la fameuse poignée de main échangée par le Premier ministre d'Israël et le président de l'Organisation de libération de la Palestine sur la pelouse de la Maison-Blanche et la reconnaissance mutuelle historique qu'elle illustrait à la face du monde. Le « processus de paix » entamé à Madrid dans la foulée de la première guerre du Golfe par la volonté du président Bush Sr. semblait enfin tenir ses promesses.

... et comment l'enterrer

Qu'est-ce qui a cloché ? On peut gloser jusqu'à plus soif sur la responsabilité des uns et des autres ; et il est vrai que tous, Israéliens, Palestiniens, Arabes et « communauté internationale », c'est-à-dire les Américains, ont chacun leur part de responsabilité dans l'échec de ce qui paraissait si bien commencé. On peut se lamenter sur le sort tragique de Rabin ; et il est vrai que, contrairement à ce que je pensais à l'époque, l'assassinat de l'homme qui portait sur ses larges épaules le fardeau du processus de paix lui a porté un coup fatal. Cependant, afin de ne pas recommencer éternellement les mêmes erreurs, mieux vaut aller droit à l'essentiel et démonter la mécanique de l'échec qui était tapie au cœur même des accords d'Oslo. Oslo a échoué parce qu'il était illisible, privé d'objectif et incontrôlé. De la plus vénielle à la plus mortelle, ce sont ces trois tares congénitales qui ont scellé son sort.

Qui se donne la peine de relire les différents documents qui jalonnent le chemin tortueux du processus d'Oslo est saisi de vertige, tellement ils s'empilent les uns sur les autres, se conditionnant et en étant à leur tour conditionnés, dans un enchaînement où seule Nyx, la méfiante déesse de la nuit, pourrait y retrouver ses petits. Le premier, la Déclaration de principes, signée à Washington le 13 septembre 1993, instaure un mécanisme compliqué de négociations et jette les bases d'une autonomie palestinienne temporaire de cinq ans. Le deuxième, l'Accord de Jéricho-Gaza du 4 mai 1994, investit la nouvelle Autorité nationale palestinienne de certains pouvoirs limités, censés la rendre apte à mettre en œuvre l'autonomie prévue par le premier. Le troisième, l'accord intérimaire sur la Cisjordanie et la Bande de Gaza, dit « Accord de Taba », signé lui aussi à Washington le 28 septembre 1995, prévoit les premières élections du Conseil législatif palestinien et, surtout, un découpage kafkaïen des territoires palestiniens en trois zones : sous contrôle exclusif palestinien (zone A), sous contrôle israélo-palestinien (zone B) et sous contrôle exclusif israélien (zone C). Si le diable est dans les détails, c'est parce qu'il s'y complaît.

Plus grave encore est le manque d'objectif clair d'une négociation aux principes flous, dont seul le cadre temporel se trouve à peu près fixé. Or, au Proche-Orient, cinq ans, c'est à la fois rien et très long. Quel en était le but ? La paix, bien sûr, mais encore ? Sur quoi devait déboucher l'autonomie palestinienne ? Sur un État souverain ? Peut-être, mais ce n'est pas dit. Israël ne promettait rien, pas même l'arrêt de la colonisation. Les Palestiniens, eux, promettaient bien, par un engagement écrit formel de Yasser Arafat, la renonciation définitive à la violence comme moyen d'avancement de leurs intérêts nationaux ; mais, en l'absence d'un engagement ferme de Jérusalem à arrêter de grignoter leur territoire, cette promesse ne valait pas le papier sur lequel elle était couchée. Dans ces conditions, le résultat était écrit à l'avance : le train d'Oslo parti en fanfare, mais sans que l'on sache pour quelle destination, la voie était ouverte aux extrémistes des deux bords pour peser à leur guise sur sa trajectoire – les uns, par la colonisation, les autres, par le terrorisme. Or, si moralement les deux ne sont pas équivalents, politiquement ils le sont. Bref, Oslo devait être la victoire des amants de la paix ; il est devenu le souffre-douleur de ses ennemis.

Mais le pire fut l'absence de tout contrôle international. Un mécanisme d'« arbitrage international obligatoire » avait bien été prévu, mais les Israéliens n'en ont pas voulu. Il aurait fallu l'imposer. Au lieu de quoi, livrés à eux-mêmes, débordés par leurs extrémistes et enfermés dans une logique pleurnicharde et revendicative de cour de récréation – « C'est lui qui a commencé, monsieur » –, les hommes d'Oslo se sont mis à tourner en rond. Pour la plus grande gloire des colons et des terroristes.

Or, seul un mécanisme de contrôle impartial et doté de vrais pouvoirs de coercition, c'est-à-dire d'un système de carottes et de bâtons efficaces, aurait pu traiter ces deux cancers qui rongent depuis les origines le « processus de paix » et se nourrissent l'une l'autre : la colonisation et le terrorisme. L'esprit d'Oslo, sinon sa lettre, impliquait la fin du grignotage systématique des territoires palestiniens ;

l'esprit *et* la lettre d'Oslo exigeaient la mise au pas des groupuscules terroristes palestiniens. L'impuissance de la « communauté internationale » à imposer l'une et l'autre a vidé de tout contenu ledit « processus de paix ». Et, par voie de conséquence, gravement compromis le soutien indispensable des opinions publiques à une « réconciliation » vécue de plus en plus comme une dangereuse illusion. Par un double et tragique paradoxe, les Israéliens se sont trouvés plus vulnérables que jamais et les Palestiniens ont vu leurs conditions de vie se dégrader au moment même où les prestidigitateurs d'Oslo leur promettaient, aux uns la sécurité, aux autres la dignité nationale et la prospérité. La rhétorique de paix a permis aux gouvernements successifs d'Israël, de droite comme de gauche, de continuer tranquillement de s'incruster en Cisjordanie : 120 000 colons en 1993, au moment de la signature des accords de Washington, 160 000 après le passage des travaillistes aux affaires, de juin 1993 à mai 1996, 190 000 à la fin du mandat de Benyamin Netanyahu, en mai 1999, 210 000 à la fin de celui d'Ehud Barak, en février 2001, au moment où éclate la seconde Intifada. Sans compter Jérusalem-Est, unilatéralement annexée dans la foulée de la guerre des Six Jours. Cependant que l'aveuglement coupable des Européens a alimenté par milliards, sans obligation aucune de résultats ni de comptes, les caisses d'une Autorité palestinienne opaque et notoirement corrompue.

C'est dire que les failles du processus d'Oslo ne sont pas seules en cause. Un instrument diplomatique, aussi imparfait soit-il, peut s'avérer utile. Encore faut-il vouloir et savoir s'en servir. Oslo n'est pas mort de mort naturelle ; il a été proprement assassiné. La bonne volonté des opinions publiques, des deux côtés de la barricade, n'a pas fait défaut. Ce sont les classes politiques qui ont failli. Côté palestinien, Arafat, débarqué en gloire à Gaza avec le soutien enthousiaste de son peuple, la sympathie active de la communauté internationale et la compréhension de la plupart des Israéliens, s'est montré aussi piètre homme d'État que naguère habile chef du mouvement national qu'il a su créer de toutes pièces et maintenir uni tant bien que mal, contre vents et marées. Il aurait dû créer les institutions de l'État en gestation ; il a préféré proliférer des milices armées dont il a exploité de main de maître la rivalité, mettre en place avec ses « Tunisiens » – les cadres de l'OLP revenus avec lui de l'exil de Tunis – un système de gouvernement despotique et corrompu et laisser la bride sur le cou aux terroristes du Hamas et du Djihad islamique. Côté israélien, il a fallu tout le talent de Shimon Pérès pour gaspiller l'élan populaire soulevé par le meurtre de Rabin, perdre les élections que l'assassin lui offrait sur un plateau d'argent ensanglanté et laisser ainsi la place à un Benyamin Netanyahu qui n'avait rien de plus pressé que d'enterrer pour de bon le processus d'Oslo.

Mais même cet enfant de l'idéologie du Grand Israël a vérifié à ses dépens la loi d'airain de la politique israélienne : face à un président américain déterminé, il faut plier ou plier bagage. Netanyahu a dû avaler la pilule amère d'Oslo. En janvier 1997, il a signé l'accord d'Hébron qui a transféré aux Palestiniens le contrôle de la ville, puis, le 23 octobre suivant, le mémorandum de Wye Plantation en vertu duquel Arafat devait récupérer dans les trois mois un morceau supplémentaire de la Cisjordanie en échange d'une vague promesse de sévir plus énergiquement contre le terrorisme et l'incitation à la haine. Cet accord, qui a rejoint, comme les précédents, le cimetière des promesses non tenues, lui a d'ailleurs coûté sa coalition.

La tentative avortée de Camp David 2

Qu'a donc appris de cet épisode, comme de l'ensemble du « processus de paix », le président Clinton ? Pas grand-chose, hélas. Énergique, charismatique et plein de bonne volonté, ardemment désireux de clore heureusement le cycle qu'il avait lui-même inauguré en patronnant la poignée de main historique entre Rabin et Arafat, Clinton aura été le président américain qui se sera le plus mouillé la chemise pour arracher un double accord de paix entre Israël et les Palestiniens, entre Israël et la Syrie. Lui qui avait fait de Rabin son ami et son mentor, a cru trouver son remplaçant en Ehud Barak, le successeur travailliste d'un Netanyahu discrédité, croyait-on, à jamais, lui et tout ce qu'il représentait. Camp David 2, en juillet 2000, fut leur œuvre commune. Ils y associèrent un Yasser Arafat rétif et méfiant, qui y alla contraint et forcé. Et ce fut un désastre.

Ce n'est pas ici le lieu de refaire l'histoire tortueuse d'une rencontre mal préparée et mal conduite, où les trois principaux protagonistes, Clinton, Barak et Arafat, ont écrit de concert une sorte de manuel d'impéritie diplomatique. Contentons-nous de pointer rapidement leurs responsabilités respectives. En commençant par l'énoncé de trois principes généraux, valables en tout temps et sous toutes les latitudes. On pourrait appeler le premier le principe du temps disponible, le second le principe du minimum acceptable, le troisième, le principe du chassé-croisé expérimental.

Le premier est le plus simple à comprendre, et pourtant si souvent méprisé : en démocratie, ce qu'on n'entreprend pas en début de mandat risque de rester à jamais lettre morte. En vertu du second, dans toute négociation, que ce soit pour l'achat d'une voiture d'occasion ou pour dessiner la frontière entre États, il faut partir d'un prix susceptible d'être accepté par l'autre partie comme un minimum raisonnable. Toute négociation porte sur les marges. En vertu du troisième, lequel d'ailleurs conditionne le second, chaque partenaire-adversaire doit se livrer à l'exercice de psychologie élémentaire qui consiste à se demander ce que lui, à la place de l'autre, jugerait inacceptable au point de préférer rompre plutôt que de s'y résigner. C'est un exercice complexe, qui exige une bonne connaissance de l'adversaire à tous les niveaux, politique, culturel, local et international. Mais c'est un exercice indispensable. Or, aucun des trois héros de Camp David ne semble s'y être livré.

Barak d'abord, dont le génie autoproclamé, je le sais d'expérience, le rend sourd et aveugle à tout ce qui n'en procède pas. Le principe du temps disponible fut le dernier de ses soucis. À peine élu, nous avons été quelques-uns à le supplier de s'atteler sans tarder au dossier palestinien. Il a gaspillé de longs mois dans une négociation sans résultat avec les Syriens. Puis, ayant gâché ses chances du côté de Damas, il s'est précipité comme un possédé sur Arafat, qu'il a forcé à se rendre à Camp David. Là-bas, eût-il respecté le principe du minimum acceptable et celui du chassé-croisé expérimental qu'il eût compris les bornes de ce qui était acceptable pour Arafat, ses « lignes rouges ». Elles étaient au nombre de deux : le territoire et l'esplanade des mosquées. Le chef palestinien n'était pas venu à Camp David pour négocier des kilomètres carrés, et à juste titre. Du point de vue de la légitimité historique comme de la légalité internationale, il avait le droit de s'attendre à ce que lui soient reconnus comme siens les 22 % du territoire anciennement soumis à l'autorité du Mandat britannique qui constituent la Cisjordanie et la Bande de Gaza conquises par Israël en juin 1967. Moyennant quoi, il était prêt à un échange territorial pour permettre aux Israéliens d'annexer les grands blocs de colonies le long de la Ligne verte qui sépare le territoire israélien souverain et les territoires palestiniens occupés. Pareillement, Arafat n'était pas venu à Camp David pour négocier le mouchoir de poche que les Juifs nomment le mont du Temple et les musulmans Haram es-Sharif, le Noble Sanctuaire. Renoncer au troisième lieu saint de l'islam équivalait pour lui à un suicide politique, voire physique. Moyennant quoi, il était prêt à accorder à Israël la souveraineté sur le Mur des Lamentations, en contrebas du mont, ainsi que sur les quartiers juifs de la Vieille Ville.

Arafat, ensuite. Lui, qui n'avait pas d'élections à craindre et s'imaginait avoir l'éternité à sa disposition, n'a pas vu que le principe du temps disponible s'appliquait aussi à lui. La misère et les frustrations accumulées de son peuple, les échecs à répétition de son administration, la montée en puissance des islamistes minaient son autorité aussi sûrement que les toits rouges des colonies réduisaient son territoire à une peau de chagrin. Camp David lui a semblé une chausse-trappe ; un autre y aurait vu une chance – sa dernière chance de prendre le sablier de vitesse. Il aurait dû comprendre aussi que le Haram es-Sharif des Israéliens, leur ligne rouge à eux, c'est le droit au retour des réfugiés palestiniens sur le territoire souverain d'Israël. Cela, aucun gouvernement israélien ne peut l'admettre, car cela signifie tout bonnement la fin de l'État d'Israël dans sa vocation telle qu'elle lui fut reconnue par la communauté internationale qui l'a porté sur les fonts baptismaux : être cet endroit au monde où les Juifs, majoritaires, puissent librement accomplir leur destin collectif. Ayant failli à comprendre cela, comme d'ailleurs les ressorts de la sensibilité et de l'éthos israéliens, il a commis à Camp David une autre erreur de taille. Il aurait pu acter les avancées, considérables, en fait sans précédent, des concessions consenties par Barak, et continuer de négocier. Il a préféré proclamer l'échec de l'ensemble de la négociation, miser sur la défaite désormais inéluctable de Barak aux élections que celui-ci a imprudemment provoquées et, le moment venu, chevaucher le tigre de la seconde Intifada. J'y reviendrai.

Clinton, enfin. Peut-être le plus « coupable » des trois, lui qui n'avait plus le temps – car enfin, pourquoi diable avait-il attendu la fin de son second mandat pour prendre enfin le problème à bras-le-corps ? –, mais qui seul avait la capacité de bousculer le destin. Cependant, pas plus que Barak, il n'a su voir les « lignes rouges » d'Arafat. Il a oublié de solliciter au bénéfice de celui-ci le soutien des États arabes, Saoudiens et Égyptiens en tête. Contrairement à Carter lors de Camp David I, l'honnête courtier qu'il se devait d'être a fini par se faire le porte-parole d'une des parties à la négociation. Surtout, toujours à rebours de Carter, il les a laissés se disperser avant d'avoir réussi – avant même qu'ils se soient formellement engagés à persévérer.

*

Bientôt, l'échec de Camp David se traduira par une nouvelle explosion de violence sur le terrain. Le 28 septembre, Ariel Sharon, entouré de ses gardes de corps et de bérets verts de la police garde-frontières, se rend sur l'esplanade des Mosquées à Jérusalem. Le chef du Likoud sait ce qu'il fait : là-haut, dans le Saint des Saints de la tragédie israélo-palestinienne, il sait pouvoir mettre à mort d'un coup un « processus de paix » agonisant et un adversaire politique à bout de souffle. A-t-il prévu l'ampleur du soulèvement ? C'est peu probable, et d'ailleurs cela n'a pas grande importance. Arafat lui-même a-t-il voulu la seconde Intifada, qu'il aurait préparée de longue main dès après l'échec de Camp David, voire avant ? Il est plus probable qu'il en a lui-même été surpris et qu'il n'a pas cru pouvoir, ou pas voulu, la juguler. Là encore, peu importe. Toujours est-il que, désormais, le fracas des armes couvre la voix des diplomates.

La paix introuvable

La pierre philosophale : les paramètres Clinton

Le 23 décembre 2000, le président des États-Unis présente aux délégations israélienne et palestinienne qu'il a convoquées à la Maison-Blanche dans un suprême effort pour arracher la paix, un nouveau plan global, resté dans l'histoire sous le nom des « paramètres Clinton ». Pour lui comme pour Barak, c'est évidemment la dernière chance. George W. Bush, élu 43e président des États-Unis, va prêter serment dans moins d'un mois. Barak, chef d'un gouvernement minoritaire, a déjà annoncé sa démission et nul ne doute qu'il subira une défaite cuisante aux élections générales prévues pour le 6 février. C'est la dernière chance pour Arafat aussi, mais lui ne le sait pas encore.

S'il faut s'arrêter sur ces paramètres, c'est parce qu'ils constituent la base obligatoire de tout accord éventuel entre Israël et les Palestiniens. C'est d'ailleurs ce que le Président explique à ses interlocuteurs : c'est à prendre où à laisser, leur dit-il en substance. Il ne s'agit pas d'un catalogue de propositions de plus, à débattre dans d'infinies palabres, mais d'un ensemble cohérent de principes à traduire dans le langage juridique d'un traité de paix.

Et il attend une réponse ferme avant le 27 décembre. À prendre ou à laisser. Ces principes, les voici :

Les frontières. Un État palestinien souverain sur 97 % des Territoires, les 3 % restants, qui représentent les blocs de colonies à annexer par Israël, étant compensés par un échange territorial, y compris un passage sécurisé entre la Cisjordanie et la Bande de Gaza sous souveraineté palestinienne.

Jérusalem. La ville serait divisée pour constituer les capitales des deux États, respectivement Jérusalem et Al-Quds, en vertu d'une règle simple : « Ce qui est juif à Israël, ce qui est arabe, aux Palestiniens. » Le mont du Temple/Haram es-Sharif serait sous souveraineté palestinienne, le Mur des Lamentations et, dans les entrailles du mont, un lien symbolique au Saint des Saints, relèveraient de la souveraineté israélienne.

Réfugiés. Le droit au retour des réfugiés palestiniens s'exercerait dans « la Palestine historique », mais sans mention d'un « droit au retour spécifique dans l'État d'Israël ». Celui-ci pourrait cependant en admettre souverainement un certain nombre, à titre humanitaire. Un fonds international conséquent serait mis en place pour indemniser les réfugiés et aider ceux qui le souhaitent à rester dans leurs lieux de résidence ou à s'installer ailleurs.

Sécurité. Plutôt qu'un État totalement « démilitarisé », concept favorisé par Israël mais rejeté par les Palestiniens, le document évoque un « État non militarisé », dont l'arsenal serait négocié avec Israël. Une force internationale remplacerait Tsahal dans la vallée du Jourdain. L'utilisation de l'espace aérien palestinien serait coordonnée avec l'aviation israélienne. Enfin, Tsahal disposerait, pour une période limitée, de trois stations de surveillance en territoire palestinien.

Simple, raisonnable et réaliste, car fondé sur les intérêts fondamentaux des adversaires – les fameuses « lignes rouges » –, ce plan n'a qu'un défaut : il arrive trop tard, lorsque son auteur n'a plus le temps de le leur imposer. Ehud Barak est un chef de gouvernement en sursis, qui a gaspillé tout son capital politique. Yasser Arafat, comme toujours, louvoie, voyage sans cesse, consulte, habille son incapacité à décider de formules alambiquées, résiste aux exhortations de ses « frères » arabes, saoudiens et égyptiens, qui l'invitent à ne pas rater une occasion historique. Manifestement, il attend la passation de pouvoir à Washington, naïvement persuadé qu'il obtiendra davantage du républicain Bush, qu'il imagine plus vulnérable aux pressions pétrolières, que du démocrate Clinton. Lorsque, le 4 janvier, les négociations reprennent, et échouent derechef à Washington, il ne reste plus au président américain qu'à établir le constat amer de son propre échec : désormais, déclare-t-il, tout sera du ressort de son successeur.

Mais ce sont ses « paramètres » qui servent de base aux pourparlers de Taba, en Égypte, du 21 au 27 janvier – la dernière tentative sérieuse de forcer le destin. Bush vient d'être investi, et l'on sait déjà que le conflit israélo-palestinien est le dernier de ses soucis. Son principe ? ABC, « *anything but Clinton* ». Pourtant, là-bas, dans le Sinaï, on s'approche comme jamais d'un accord de paix. On échange des cartes, on confronte des pourcentages de territoire à échanger, on discute le nombre de réfugiés à être admis en Israël. Mais, comme l'admet le chef de la délégation palestinienne, Ahmed Qoreï dit Abou Alaa, « le patron [Arafat] ne veut pas d'un accord »[2]. Et le temps politique de Barak est épuisé. Un bref moment, on évoque la possibilité d'une rencontre au sommet, à Stockholm, entre Barak et Arafat avant les élections israéliennes du 6 février. L'idée est aussitôt abandonnée. Une semaine plus tard, Ariel Sharon est élu Premier ministre d'Israël, avec une majorité écrasante de 62,5 % des voix, et son adversaire malheureux annonce sa démission de la Knesset comme de la présidence du Parti travailliste. Le 7 mars, Sharon est investi par la Knesset à la tête d'un gouvernement d'union nationale. Des trois protagonistes du « processus de paix », seul Arafat est resté, apparemment indéboulonnable.

Cependant, Clinton a laissé derrière lui un héritage précieux. Certes, il a commis des erreurs fatales. Il a tardé à s'impliquer comme il a fini par le faire. Il a manqué d'user de tout le poids de sa charge et de son prestige. Il n'a pas préparé son coup en sollicitant toutes les bonnes volontés, notamment arabes. Surtout, confronté à l'échec

2 Shlomo BEN-AMI, *Scars of Wars, Wounds of Peace. The Israeli-Arab Tragedy*, Oxford University Press, 2006, p. 276.

final, il n'a pas rameuté les alliés des États-Unis pour faire de ses « paramètres » la chose de la communauté internationale, éventuellement en les faisant endosser par le Conseil de sécurité des Nations unies et en les érigeant ainsi en loi internationale, difficile à ignorer par son successeur comme par celui de Barak. Ce document n'en constitue pas moins une référence pour les deux parties : pour les Palestiniens, qui n'accepteront évidemment jamais moins que ce que le président des États-Unis, grand ami d'Israël, a cru raisonnable de leur offrir ; pour les Israéliens, qui le considèrent comme le maximum envisageable de leurs concessions.

Le choix du pire : la seconde Intifada

On ne dira jamais assez l'influence destructrice du terrorisme palestinien, non seulement sur le « processus de paix », mais sur la capacité des Palestiniens à atteindre leurs buts nationaux. Il ne s'agit pas de condamner hypocritement la « violence », qui peut, on le sait, être accoucheuse d'histoire. Il est rare qu'un mouvement national ait réussi à arracher l'indépendance du peuple qui l'a vu naître par les seuls moyens de la diplomatie et du compromis, et le sionisme lui-même a eu recours à la force armée. Mais il y a violence et violence.

Je n'entrerai pas ici dans le débat éthique entre ce qui est légitime au regard de la morale commune et ce qui ne l'est pas. Non que ce débat soit inutile, ni même que le choix des moyens soit politiquement indifférent, aussi bien du point de vue du combat pour l'indépendance lui-même que pour le visage de la société qui en émergera une fois l'indépendance acquise. Après tout, une des frontières qui séparent la civilisation de la barbarie est bien la conviction que le but ne justifie pas les moyens. Je préfère ici m'attacher à la seule question de l'efficacité, autrement dit de l'adéquation des moyens utilisés à la fin recherchée.

Du point de vue des Palestiniens la fin recherchée est l'État souverain sur les territoires pris par Israël à la Jordanie (la Rive occidentale du Jourdain) et à l'Égypte (la Bande de Gaza) à la faveur de la guerre des Six Jours. Officiellement du moins. Car, non seulement l'aile islamiste du mouvement national palestinien y est-elle ouvertement hostile, mais, au vu du comportement d'Arafat, on peut légitimement se demander si son chef historique le souhaitait vraiment. On a beaucoup glosé sur son incapacité à échanger l'uniforme du « général », comme il aimait à se désigner lui-même, contre le costume du diplomate et de l'homme d'État. Selon cette théorie, quel intérêt avait-il à enterrer le rêve exaltant de la « révolution » au profit de la réalité terne du pouvoir, à compromettre la pureté du projet au bénéfice d'un arrangement sans gloire, à abandonner le rôle immense de dirigeant historique pour endosser celui, ingrat, du responsable d'une petite entité étatique du Tiers Monde à la souveraineté problématique, coincée entre des voisins puissants qui ne lui voudraient pas forcément du bien ?

Mais admettons que, à tout prendre, l'objectif est tout de même l'État-nation. Or, deux décennies après la définition officielle de cet objectif lors de la 19e session du Conseil national palestinien (CNP) à Alger, en novembre 1988, cet objectif n'est toujours pas atteint. Fondamentalement, la raison de l'échec tient à l'incapacité du mouvement national palestinien à définir clairement cet objectif, elle-même un résultat de l'équilibre précaire des forces au sein de la société palestinienne et d'une direction nationale impuissante, davantage encline aux compromis fluctuants qu'aux décisions tranchées. Le contraste avec le mouvement sioniste d'avant la création de l'État d'Israël est saisissant. Ben Gourion avait, lui aussi, maille à partir avec ses dissidents, tenants intransigeants d'une ligne dure, qui rejetaient la partition du pays. Lui a su les mettre au pas, au besoin par la force, en s'assurant ainsi le monopole de la stratégie du mouvement et de ses forces armées. Dans un débat public avec Leila Shahid, la représentante à Paris de l'Autorité palestinienne, en pleine Intifada des mosquées, je lui ai suggéré d'offrir à Arafat les deux manuels nécessaires et suffisants à tout apprenti fondateur d'État : *Le Prince* de Machiavel et les *Mémoires* de Ben Gourion…

Les raisons de cette incapacité à trancher sont complexes et tiennent probablement autant aux structures éclatées de la société palestinienne qu'à la situation particulière d'un mouvement national lourdement dépendant d'États qui n'ont jamais renoncé à l'instrumentaliser, à la psychologie d'Arafat qu'au soutien largement inconditionnel, romantique et déresponsabilisant de larges pans de l'opinion publique occidentale.

Toujours est-il que le choix de ce que les Palestiniens appellent par euphémisme la « militarisation » de l'Intifada – en clair, le choix absurde du terrorisme – aura été tragiquement préjudiciable à la création de cet État-nation que l'Autorité palestinienne prétendait, et prétend toujours, bâtir dans les Territoires occupés. Il est peu probable qu'Arafat ait planifié l'explosion de violence qui a suivi l'échec de Camp David. Il l'a plutôt subie, puis, à son habitude, cherché à l'instrumentaliser, à la fois pour rétablir, par l'étalage de la brutalité de la répression israélienne, l'équilibre rompu à Camp David aux yeux d'une opinion publique internationale qui ne lui pardonnait pas d'avoir fait capoter la négociation, et pour maintenir vaille que vaille l'unité de son peuple.

Ce faisant, il a passé par profits et pertes une vérité universelle et trois aspects fondamentaux de la réalité proche-orientale. La vérité universelle est que l'unité est toujours illusoire, et qu'à vouloir la préserver à tout prix, on fait toujours le jeu des jusqu'au-boutistes. Les Israéliens en savent quelque chose : c'est la guerre qui unit ; la paix, elle, divise, toujours. Si Ben Gourion, encore lui, avait voulu maintenir coûte que coûte l'unité de son peuple, voire du camp sioniste, il n'y eût jamais eu d'État juif. En fait, toutes les grandes constructions étatiques modernes, depuis l'aube de la modernité politique au XVIe siècle jusqu'à nos jours, sont passées par l'épreuve de la guerre civile, ouverte ou larvée, longue et dévastatrice ou réduite à un épisode bref mais violent. Tel a toujours été le prix du choix, comme du monopole sur la force légitime sans lequel il n'est pas d'État digne de ce nom.

Les réalités locales sont non moins contraignantes, mais nul, semble-t-il, ne s'est donné la peine de l'expliquer au leader palestinien, ses « amis » européens comme ses propres conseillers. D'abord, qu'il est absurde d'espérer faire lâcher prise à Israël par le terrorisme. Entité puissante, fortement armée et convenablement unifiée, Israël, sous l'assaut d'un adversaire qui frappe des innocents dans les rues de ses villes, s'arc-boute et réagit avec une violence décuplée. Obnubilé par l'exemple du Hezbollah libanais, qui avait réussi à bouter les Israéliens du Sud-Liban, Arafat s'est imaginé pouvoir en faire de même en Cisjordanie. Mais la Cisjordanie n'est pas le Sud-Liban, pas plus que les attentats-suicides à Tel-Aviv ne sont assimilables aux attaques contre les troupes d'occupation dans une région où la présence de Tsahal n'avait rien d'évident aux yeux des Israéliens eux-mêmes.

Ensuite, que le terrorisme aveugle allait inévitablement anesthésier jusqu'à l'insignifiance le camp de la paix israélien. Face aux kamikazes, les partisans du compromis historique avec les Palestiniens, leurs meilleurs alliés en fait, sont restés sans voix. Les manifestations massives en faveur de la paix appartiennent à un passé révolu, et le mouvement *La Paix maintenant* qui les orchestrait n'est plus que le comptable vétilleux de la colonisation des Territoires.

Enfin, si Arafat comptait sur la réaction des Occidentaux, notamment des Américains, il lui a fallu déchanter. C'était prévisible pour qui avait des yeux pour voir et un peu de jugeote pour comprendre. L'Europe, tiroir-caisse privé d'existence politique sur la scène internationale, a assisté, désemparée et impuissante, à la destruction systématique des institutions de l'Autorité palestinienne et des infrastructures payées par ses contribuables; l'administration Bush, surtout après le 11 septembre, a tôt fait par confondre dans une même détestation les terroristes de tout poil, internationalistes comme al-Qaïda ou nationalistes comme les brigades al-Aqsa.

L'Intifada « militaire » ? Une stratégie suicidaire, dont la responsabilité incombe, en proportion décroissante, aux organisations terroristes, à l'Autorité palestinienne qui leur a laissé la bride sur le cou en espérant en tirer profit, à ses amis arabes et européens qui, quoi qu'ils en aient pensé, n'ont pas su en imposer l'arrêt. Et à Israël, bien sûr, qui, en continuant à coloniser les Territoires, n'a cessé de donner à ses adversaires des verges pour se faire battre.

Rêvons un instant. Imaginons que les Palestiniens aient choisi d'autres formes de combat, que certains de leurs chefs préconisaient d'ailleurs en vain. Concevons une campagne de résistance passive, comme, par exemple, la grève des impôts, en vertu du principe « *no taxation without representation* » qui renvoie à une autre Intifada, celle qui a marqué les débuts de la Révolution américaine. Qui y eût été insensible, en Europe, aux États-Unis et, plus important, en Israël, où les esprits étaient de toute façon préparés à quitter les Territoires ?

Le choix du moindre mal : l'évacuation unilatérale

Parvenu au pouvoir en mars 2001 en pleine Intifada des mosquées et reconduit aux élections de janvier 2003, Ariel Sharon va changer radicalement la donne proche-orientale en inventant, ou en reprenant à son compte, peu importe, le concept de « désengagement unilatéral ». L'idée est lancée à l'automne 2003, approuvée par la Knesset l'année suivante et exécutée en août 2005. Les vingt-et-une colonies de la Bande de Gaza ainsi que quatre implantations du nord de la Cisjordanie sont évacuées *manu militari.*

Tactiquement, c'est une manœuvre géniale. Après des années de répression brutale qui a fait de Sharon une sorte d'Attila moderne, honni à travers le monde comme au sein d'une portion croissante de l'opinion israélienne, l'évacuation de la Bande de Gaza lui confère une respectabilité internationale et nationale inespérée, lui permet de museler l'opposition travailliste et le libère dans l'immédiat de toute pression, notamment américaine. Avec une remarquable candeur, Dov Weissglas, proche conseiller d'Ariel Sharon, se vante d'avoir trouvé une « méthode [pour s'assurer] qu'il n'y aurait pas de sablier » : « Je suis tombé d'accord avec les Américains, explique-t-il, tout fier, dans une interview (*Haaretz*, 6 octobre 2004), que certaines implantations ne seraient pas discutées du tout, et que d'autres ne le seraient que lorsque les Palestiniens se seraient mués en Finlandais... L'ensemble du paquet connu comme l'État palestinien a été enlevé de l'ordre du jour pour une période illimitée... Le désengagement nous procure la quantité souhaitable de formol pour en finir avec le processus de paix avec les Palestiniens. »

Oubliées donc les obligations qu'imposait la « feuille de route » adoptée par le Quartet (ONU, États-Unis, Union européenne, Russie) le 30 avril 2003 : pour prix du « désengagement », la colonisation pourra se poursuivre à marche forcée en Cisjordanie et à Jérusalem, mieux, le président Bush endossera officiellement la thèse israélienne de la « croissance naturelle » des implantations ainsi que l'inéluctabilité d'une modification du tracé de la frontière au profit d'Israël, modification censée prendre en compte les « réalités » sur le terrain. à la trappe l'accord de Genève de décembre de la même année, qui offrait un modèle complet de règlement du contentieux israélo-palestinien, et dont la menace, justement, n'a pas été pour rien dans l'initiative du « désengagement ». Occultées enfin, pour l'instant, les graves réserves de la communauté internationale à l'égard de la « clôture de sécurité » dont le principe est arrêté en février 2005 – une idée de gauche à l'origine, soit dit en passant, dont Sharon a été le farouche adversaire, et qu'il adopte sous la pression d'une opinion publique excédée par les attentats-suicides.

Justement, au-delà des calculs tactiques, cette « clôture de sécurité » permet d'y voir plus clair dans la stratégie de Sharon. L'homme, grand tacticien mais piètre stratège, a fini par comprendre qu'Israël allait, si j'ose dire, dans le mur. Dans l'équation israélo-palestinienne, le maître mot est démographie. D'ores et déjà, entre la Méditerranée et le Jourdain, Juifs et Arabes sont paritaires, dans une décennie, les premiers seront largement minoritaires. Que l'occupation et la colonisation des Territoires palestiniens se poursuivent, et c'en sera fini du projet sioniste d'un pays où les Juifs puissent déterminer librement leur destin. Se libérer de la Bande de Gaza et son million et demi d'habitants entassés sur un mouchoir de poche de 360 km^2, devient donc aux yeux d'une droite naguère maximaliste un besoin vital, qui conditionne la survie de l'État d'Israël en tant qu'État « juif ».

Cependant, le démantèlement simultané de quatre points de peuplement en Cisjordanie montre bien que, dans l'esprit de Sharon, l'abandon de Gaza ne suffit pas pour résoudre le problème démographique. Il lui faudra à l'évidence se débarrasser également des dizaines de colonies dispersées au cœur de la population palestinienne en « Judée-Samarie », dont lui-même a été le champion toute catégorie, tout en conservant les gros blocs de colonisation le long de la Ligne verte et autour de Jérusalem. C'est là qu'intervient la « clôture de sécurité », dans sa double fonction : constituer, en effet, un barrage infranchissable pour les candidats au suicide ; et dessiner la frontière orientale de l'État d'Israël. Ce qui sera à l'intérieur de la clôture reviendra à Israël ; ce qui restera à l'extérieur sera rétrocédé aux Palestiniens, dans l'État croupion que le Premier ministre s'est résigné à leur offrir.

C'est dire que cette formidable ligne de défense de quelque sept cent trente kilomètres qui enserre la Cisjordanie et coupe Jérusalem de son hinterland palestinien obéit aussi, sinon surtout, à une logique politique. Elle était déjà à l'œuvre dans le projet initial de la gauche, qui entendait lui faire suivre pour l'essentiel la Ligne verte et faire revivre ainsi l'ancienne limite entre le territoire souverain d'Israël et l'espace dévolu à l'État palestinien en gestation. C'est même pour cette raison que la droite annexionniste n'en voulait pas : redessiner la Ligne verte revenait à enterrer le rêve du Grand Israël. Récupérée par Sharon, la clôture, dont le tracé mordait désormais profondément en territoire palestinien, devenait un outil d'annexion.

On sait comment s'est effondrée la logique unilatéraliste. Le refus de négocier le retrait avec l'Autorité palestinienne, comme avec tout organisme international, a offert le territoire sur un plateau d'argent au Hamas. En même temps qu'un argument de propagande efficace : ce que les « modérés » n'ont pas réussi à obtenir au terme d'années de négociations stériles, les islamistes l'ont obtenu avec le sacrifice de leurs « martyrs ». Théoriquement, les Palestiniens, qui disposaient dorénavant du premier territoire occupé libéré, entièrement vidé de toute présence israélienne, civile ou militaire, auraient pu et dû en faire la vitrine de l'État à venir. Pratiquement, divisés comme ils l'étaient, ils s'en sont révélés incapables. Les colonies et les serres laissées derrière eux par les colons sont devenues des rampes de lancement de roquettes. Enfermés dans leur cage par un blocus de plus en plus étroit, les Gazaouis se sont donnés au Hamas. Le Golem unilatéral s'est retourné contre son concepteur.

Retenons de cette malheureuse affaire une leçon utile. Si le « désengagement » n'a rien fait pour hâter un accord de paix israélo-palestinien, il a tout de même rappelé une vérité qu'on avait quelque peu tendance à oublier depuis la rétrocession du Sinaï à l'Égypte un quart de siècle auparavant. Il a prouvé que le démantèlement de colonies était parfaitement possible et que, face à un gouvernement déterminé et franchement soutenu par l'opinion publique, les vociférations des colons, les gesticulations de l'extrême-droite religieuse et les menaces de leurs relais parlementaires étaient impuissantes. Une leçon à méditer pour demain. Même si, pour des raisons idéologiques, affectives et, bien sûr, démographiques, le démantèlement des colonies de Cisjordanie sera une entreprise d'une tout autre envergure.

Un « processus » en trompe-l'œil

À la fin novembre 2007, Ehud Olmert, Premier ministre d'Israël, et Mahmoud Abbas, Président de l'Autorité palestinienne (effectivement Président de Cisjordanie), franchissent à Annapolis, sous les auspices de George W. Bush et avec la participation des représentants de plus de cinquante nations, une station de plus dans l'interminable chemin de croix du « processus de paix ».

L'histoire bégaie. On se met d'accord pour… négocier afin de parvenir à un accord de paix en bonne et due forme avant la fin de 2008. Pour la plupart des observateurs comme pour les opinions publiques, les chances sont nulles. Certes, la bonne volonté des négociateurs n'est pas en cause. Et, pour la première fois depuis Oslo dans un document officiel, le train est pourvu d'une destination, voire d'un horaire. Mais voilà, le chauffeur rechigne à monter dans la locomotive, les contrôleurs sont en vacances et les principaux intéressés, les voyageurs, se chamaillent sur le quai de la gare, tandis que certains parmi eux refusent d'acheter des billets.

S'il fallait identifier une cause majeure à la faillite de cette dernière tentative, elle est à trouver dans l'étrange similitude de situation entre le trio d'Annapolis et celui de Camp David, mais en dégradé, chacun des principaux protagonistes se montrant une pâle copie de son devancier. Comme Clinton à l'époque, Bush Jr. est sur le départ, après avoir attendu jusqu'à l'extrême fin de son mandat pour s'intéresser sérieusement au dossier israélo-palestinien, comme lui il répugne à imposer à son turbulent allié israélien les mesures indispensables à la conclusion d'un vrai accord de paix. Mais il n'a ni le charisme, ni l'intelligence, ni le prestige de Clinton ; au contraire, il a fait de son mieux pour provoquer un sentiment inédit de rejet universel. Comme Barak, Olmert a vu sa popularité fondre comme neige au soleil, comme à Barak il ne lui reste plus une goutte de légitimité politique pour une entreprise aussi considérable que la conclusion d'un accord de paix. Mais, contrairement à Barak, Olmert a ajouté aux causes politiques de sa disgrâce celle, lamentable, du soupçon de corruption personnelle. Comme Arafat, Abbas est en perte de vitesse au sein de sa propre opinion publique, à la fois à cause des ratés d'une négociation qui visiblement ne conduit nulle part et de l'incapacité de son gouvernement à améliorer les conditions des gens comme son propre fonctionnement. Mais il ne possède ni la légitimité historique du fondateur, ni son charisme, et il a été impuissant à prévenir la scission de mouvement national palestinien. Comment ces trois-là auraient-ils réussi là où des hommes d'une autre trempe avaient échoué ?

On a donc fait mine de négocier. Non que les uns et les autres aient menti sur leurs intentions et leurs sentiments. Cet accord de paix, ils le souhaitaient très sincèrement. Bush, bien que tard venu sur la scène du Proche-Orient, et de quelle manière, a fini par comprendre que le chemin de Jérusalem ne passait pas nécessairement par Bagdad, qu'il avait sa propre logique, et qu'il serait peut-être intéressant pour l'Amérique de s'y intéresser, y compris pour prendre en sens inverse le chemin de Bagdad. Il s'est donc investi personnellement dans le dossier. Sous son autorité, ses collaborateurs ont mis au point des instruments diplomatiques complexes, dont la « feuille de route » d'inoubliable mémoire, ses émissaires ont sillonné la région, et lui-même a eu un jour une « vision » dont le mérite, outre son caractère miraculeux, fut d'évoquer pour la première fois par la bouche d'un Président américain la création d'un État palestinien vivant côte à côte, en parfaite harmonie, aux côtés de l'État d'Israël. Mahmoud Abbas, on le sait, est un homme de paix depuis de longues années et un ennemi déclaré du terrorisme, qu'il n'a pas hésité à dénoncer en pleine Intifada. En fait, davantage que ses partenaires israélien et américain, il a lié son sort politique, peut-être physique, à la paix avec Israël. Olmert, enfin, est un homme qui vient de loin, des confins de la droite de la droite. à ce titre, il est représentatif de toute une classe d'âge politique élevée au bercail révisionniste – Tzipi Livni, sa ministre des Affaires étrangères, en fait également partie – qui s'en est éloignée par une véritable réflexion politique, lorsqu'elle eut enfin compris que le programme idéologique du Likoud était bonnement irréalisable : on pouvait avoir le Grand Israël ou la démocratie, mais pas les deux.

Bush, Olmert, Abbas : trois personnages en quête de la paix. Mais la quête est une chose, le Graal une autre. Ils ont donc inventé un « processus » d'un genre nouveau : non pas une ligne, même sinueuse, qui part d'un point pour arriver à un autre, une trajectoire tendue vers un objectif ; mais un cercle, à l'intérieur duquel des hommes et des femmes condamnés par les dieux à répéter indéfiniment les mêmes paroles et à accomplir les mêmes gestes, tournent sur eux-mêmes en attendant que, épuisés, ils soient remplacés par d'autres qui sacrifient au même rituel absurde et vide de sens.

On me dira que je fais tout dépendre des chefs, que je fais peu de cas des rapports de force internes et internationaux qui les dépassent, que « c'est plus compliqué que cela ». Je n'en doute pas. Mais je ne cherche pas à écrire l'histoire du conflit israélo-arabe, ni même celle des négociations de paix israélo-palestiniennes. Je pense que les conditions sont mûres pour leur conclusion heureuse, et qu'y parvenir est affaire de volonté politique. Voilà pourquoi ce sont bien les chefs qui m'intéressent ici. Et surtout un parmi tous…

Un « nouveau Proche-Orient », en effet…

George W. Bush rêvait d'un « nouveau Proche-Orient », rangé sous la bannière de la démocratie et des droits de l'homme. Un beau rêve assurément. Non que le Proche-Orient n'ait pas changé ces dernières années. Mais pas du tout, hélas, comme le Président et ses idéologues l'entendaient.

On se souvient du mot immortel de Yitzhak Shamir, le Premier ministre d'Israël qui a pratiqué en virtuose l'art de l'immobilisme : « La mer est toujours la même mer et les Arabes sont toujours les mêmes Arabes. » Il n'avait pas complètement tort, cet homme. L'islamisme ne faiblit point, bien au contraire. La légitimité des États aux yeux de leurs propres ressortissants est au nadir. Ils la compensent comme ils peuvent par la brutalité policière et assurent leur survie grâce à un marché improbable avec les fous de Dieu : à ceux-là les outils de la puissance, à ceux-ci la société et les esprits. Mais Shamir aurait pu ajouter : « Et les Israéliens sont toujours les mêmes Israéliens. » Car ces derniers, schizophrènes comme jamais, souhaitent un accord avec les Palestiniens tout en votant pour des partis qui n'en ont cure.

Cependant, l'évolution la plus marquante, et la plus lourde de conséquences, est sans doute le changement des rapports de force entre les États de la région. Si Proche-Orient nouveau il y a, c'est là qu'il faut le chercher.

Le deuxième cercle

Le vague à l'âme sunnite

Le « monde arabe » est dans un triste état. Les observateurs arabes ne se font d'ailleurs aucune illusion : les commentaires les plus acerbes sur l'état de délabrement dudit « monde arabe », c'est sous la plume de ses journalistes et intellectuels qu'on les lit. Il suffit de feuilleter leurs rapports annuels dans le cadre du Programme des Nations unies sur le développement (PNUD) pour mesurer le degré de lucidité angoissée des rapporteurs : écart croissant de connaissance avec le monde développé, situation catastrophique des femmes, oppression politique, éducation déficiente, infrastructures dégradées, fermeture à l'égard du monde extérieur comme le montrent les statistiques de la traduction d'œuvres étrangères – le monde arabe se débat dans une crise profonde et multiforme qui le rend inapte à relever les défis régionaux et internationaux.

Conséquence et cause tout à la fois, l'islamisme rétrograde et violent n'est qu'un aspect, encore que le plus spectaculaire, de cette crise existentielle. Ce n'est pas ici le lieu d'analyser ce phénomène, peut-être la grande affaire de notre époque. Qu'il me suffise d'observer que de nombreux intellectuels arabes libéraux en sont parfaitement conscients et s'expriment avec une liberté de ton croissante. Cela était vrai pour la mouvance djihadiste internationale du style al-Qaïda, dans la foulée du 11 septembre ; cela l'est désormais, depuis la seconde guerre du Liban de l'été 2006 et la campagne de Gaza de janvier 2009, pour le djihadisme palestinien.

La critique des intellectuels libéraux reflète la panique des gouvernements. Assiégés à l'intérieur par la montée en puissance des mouvements islamistes et à l'extérieur par le défi chiite iranien, les principaux États sunnites craignent pour la survie de leurs régimes. Mais « l'unité arabe » est une fiction. Collection d'États-nations aux intérêts divergents et souvent antagoniques que seuls unifient la langue, une culture du ressentiment et un vague soutien de principe à la cause palestinienne, son incapacité à agir de concert se passe de démonstration. Si l'on veut des preuves, on les trouve où l'on veut, de l'incapacité d'unir les rangs autour de l'Irak durant la terrible guerre de huit ans qui l'opposa à l'Iran, en passant par l'inertie face à l'invasion du même Irak par les États-Unis et leurs alliés, et jusqu'à ces grand-messes sans objet que sont les « sommets » arabes. L'accession du Hamas au pouvoir lors des élections palestiniennes de janvier 2006, une première mondiale stupidement imposée par l'administration Bush contre la volonté de Mahmoud Abbas ; la guerre provoquée par le Hezbollah au Liban ; le sanglant coup d'État du Hamas qui a chassé le Fatah de la Bande de Gaza en juin 2007 ; la campagne qui a dévasté le territoire à la suite de la dénonciation de la trêve avec Israël par le Hamas ; le démantèlement, en février 2009, d'un réseau terroriste du Hezbollah dans le Sinaï, la dernière en date des manifestations de la pénétration irano-chiite au cœur du monde arabo-sunnite – cette série noire rend compte de la grande peur de Riyad, du Caire et d'Amman, explique l'émergence d'un axe de « modérés » et constitue l'arrière-plan de ce que certains n'ont pas craint d'appeler « la guerre froide arabe ».

Les contours des camps en présence ? Les « modérés », emmenés par l'Arabie saoudite et l'Égypte, comptent dans leurs rangs les Émirats arabes unis (EAU), la Jordanie, l'Autorité palestinienne, le Yémen et, au Maghreb, le Maroc et la Tunisie – bref, l'essentiel du monde arabe sunnite. En face, les radicaux se rangent dans « l'arc chiite », qui va de l'Iran au Liban, en passant par la Syrie. Mais rien n'est simple au Proche-Orient, les idéologies pas plus que les alliances. Aussi bien, si je mets « modérés » entre guillemets, c'est parce que ce vocable risque de prêter à confusion. Mieux vaudrait dire pro-Occidentaux, et encore, s'agissant uniquement des régimes. En effet, il faut savoir que c'est dans l'Égypte « modérée » que les sentiments des masses – ou du moins de ceux qui parlent en leur nom – sont le plus violemment antiaméricains, et que c'est dans l'Iran « radical » que les États-Unis, voire Israël, jouissent de la meilleure cote de popularité du monde musulman, Turquie comprise.

Par ailleurs, la division entre sunnites et chiites a le mérite de la clarté, mais sa pertinence est partielle. Non que cette ligne de fracture ne soit pas importante au sein de l'*Oumma*, la Communauté des musulmans, elle est même essentielle. Massivement majoritaires et traditionnellement dominants, les sunnites considèrent d'un œil mauvais la montée en puissance de l'Iran, la transformation de l'Irak en un État à prédominance chiite, l'OPA du Hezbollah sur le Liban. Mais cette rivalité ne prend tout son relief, et alors elle peut devenir meurtrière, qu'à l'intérieur d'une société éclatée, comme en Irak. à l'extérieur, la raison d'État s'accommode d'alliances que la logique de la guerre civile religieuse ne souffrirait point. Ainsi, les Frères musulmans égyptiens et jordaniens soutiennent le Hezbollah au nom du sacro-saint combat contre « les Juifs et les croisés ». La Syrie est massivement sunnite, ce qui ne l'empêche pas de figurer en bonne place dans « l'arc chiite », cependant que l'influence iranienne s'étend jusqu'au cœur de l'Afrique, dans le Soudan sunnite et, dernièrement, au Maghreb, dans la Mauritanie tout autant sunnite. Et, si le Hezbollah libanais est bel et bien chiite, le Hamas palestinien, un surgeon des Frères musulmans, est sunnite, mais client de l'Iran. à l'inverse, Bahrein, majoritairement chiite, fait partie du camp des « modérés » pro-occidentaux car l'élite dominante est sunnite…

Le rapport de force entre ces deux camps est fluctuant, lui aussi. La stratégie des « modérés », emmenés par l'Arabie saoudite et l'Égypte, est simple : conjurer la menace irano-chiite en jouant la carte de l'unité arabe face à l'intrus perse. Les Saoudiens se voient tailler des croupières par leur remuant voisin dans le Golfe qu'ils considèrent depuis toujours comme leur chasse gardée. Les Iraniens refusent de restituer à l'Union des Émirats arabes trois îlots qu'ils lui ont enlevés du temps du shah et traitent par le mépris les offres de médiation saoudiennes. Pis, il leur est arrivé de revendiquer le Bahreïn comme la « 14e province » iranienne – une prétention qui sonne sinistrement aux oreilles des gouvernements sunnites du Golfe depuis l'invasion du Koweit, la « 19e province irakienne » selon Saddam Hussein. Quant à l'Égypte, principale puissance sunnite et premier bénéficiaire arabe de l'aide américaine, elle s'est montrée d'emblée une ennemie irréductible de l'Iran khomeyniste. C'est au Caire que le Shah destitué a trouvé refuge lors de la révolution qui l'a chassé de son pays, c'est à Téhéran, qui n'a jamais pardonné au président Sadate la « trahison » de sa paix avec Israël, que son assassin a été honoré d'une rue à son nom. Si le Golfe est surtout l'affaire des Saoudiens, l'Égypte entend rester chez elle au Machrek. Or, on l'a vu, l'Iran est lourdement impliqué au Liban, où il porte à bout de bras une milice chiite née de ses œuvres et représentante de ses intérêts, et dans les Territoires palestiniens, où il arme, finance et entraîne le Hamas. Humilié par son incapacité à arracher un accord intra-palestinien et mis sous pression par une opinion publique travaillée au corps par les Frères musulmans et massivement acquise à la « résistance », défié, enfin, sur son propre territoire, Moubarak cherche toujours la parade.

Où l'on voit que, si la stratégie est simple, l'exécution ne l'est pas : dans un jeu complexe où les rivalités de puissance et les tactiques de survie ne recoupent qu'imparfaitement les affiliations religieuses et idéologiques, les chefs de file ont du mal à imposer leur politique. Ainsi, le Qatar, séismographe ultrasensible des rapports de force régionaux, se tient à la charnière des deux camps, en essayant de jouer les bons offices entre les deux, voire à s'imposer, aux dépens de son puissant voisin saoudien et de l'Égypte, comme l'arbitre incontournable des frères ennemis arabes : au Liban après le bras de fer qui a opposé en 2008 le Hezbollah au gouvernement Seniora, chez les Palestiniens dans celui qui met aux prises le Hamas et l'Autorité palestinienne.

Cependant, dans l'affrontement entre « modérés » et « radicaux », un pays fait de plus en plus figure de fléau.

Le jeu syrien

La Syrie est la chauve-souris de la fable, oiseau avec un camp, rongeur avec l'autre, chacun espérant le faire intégrer dans l'espèce qui est la sienne. Par la grâce de sa position stratégique, ce pays sans ressources et gouverné par un régime autoritaire issu d'une petite minorité religieuse méprisée, les Alaouites, a réussi à se rendre incontournable pour toute solution tant soit peu raisonnable des problèmes de la région.

Cela n'avait rien d'évident. Successeur de son père par un pur accident dynastique, Bachar el-Assad faisait piètre figure, ballotté qu'il semblait être entre les factions au pouvoir au Damas, avant de devenir un paria de la communauté internationale après l'assassinat du Premier ministre Rafic Hariri, en février 2005. Ses forces chassées du Liban par le mouvement du 14 mars, lui-même objet d'une enquête internationale, snobé par les capitales occidentales et par Jérusalem, ouvertement méprisé par ses « frères » arabes du Caire et de Riyad, son sort semblait peu ou prou scellé.

C'était aller vite en besogne. à l'intérieur, l'homme a su s'imposer comme le vrai maître de son régime ; à l'extérieur, l'alliance iranienne et un art consommé de la manœuvre qu'on ne lui soupçonnait point lui ont assuré une marge de manœuvre considérable. Il a fallu, en effet, se rendre à l'évidence : sans lui, rien n'est possible, ni au Liban, où le Hezbollah lui assure une influence que le desserrement de son emprise physique sur ce malheureux pays paraissait avoir condamnée ; ni en Irak, dont le sépare une longue frontière qu'il peut rendre étanche ou poreuse ; ni en Palestine, où il peut régler l'intensité de la « résistance » du Hamas à travers le bureau politique de l'organisation islamiste installé à Damas.

On comprend dès lors que le paria de naguère soit devenu l'un des hommes les plus courtisés de la planète. De hauts responsables américains, européens et arabes se succèdent à Damas, qui ne cessent d'assurer le Président syrien du rôle éminent et éminemment constructif que son pays est appelé à jouer dans la région. L'enjeu, en effet, est de taille : que Bachar se décide à se dégager de l'étreinte iranienne, et alors c'est l'ensemble de la configuration régionale qui s'en trouvera affectée. Sans les armes et l'argent qui transitent par la Syrie ou dont la Syrie est le fournisseur direct, le Hezbollah ne serait plus qu'un parti politique libanais comme un autre et l'Iran se verrait privé d'un de ses principaux points d'appui au Proche-Orient. Sans le soutien et l'abri de Damas, le Hamas serait obligé de revoir l'ensemble de sa stratégie et le pouvoir, politique autant que militaire, de l'Autorité palestinienne aurait en face de lui un rival considérablement affaibli. Ce serait en fait le début de la fin de « l'arc chiite ».

Est-ce un objectif réaliste ? Oui et non, du moins pas dans l'immédiat. C'est l'alliance avec Téhéran et sa capacité de nuisance dans les trois aires d'action que j'évoquais tantôt qui assurent à Damas sa marge de manœuvre. Incapable de faire front à Israël sur le champ de bataille, ce sont elles qui lui servent de leviers pour maintenir vivace la question du Golan ; une Syrie acceptant sans contrepartie de rejoindre « l'axe du bien », pourquoi Jérusalem songerait-elle à se dessaisir d'un territoire qu'elle a annexé *de jure*, et dont l'importance stratégique est un article de foi pour la plupart des Israéliens ? Mieux, la cour assidue dont la Syrie est l'objet, aussi bien de la part des États-Unis que des Saoudiens et des Égyptiens, n'est-elle pas la preuve de l'efficacité de sa stratégie ? Et pourquoi la Syrie tournerait-elle le dos à l'Iran, au Hamas et au Hezbollah, au moment précis où le président des États-Unis lui-même a pour Téhéran les yeux de Chimène et que les Européens cherchent le dialogue avec les organisations islamistes ?

Cependant, à moins que Damas n'ait fait le choix idéologique définitif de la « résistance », en clair de l'hostilité de principe à l'Occident et de la volonté de libérer le Golan par les armes, cette stratégie n'a de sens que dans la perspective plus ou moins lointaine d'un renversement d'alliances. En effet, le couple irano-syrien n'a rien de « naturel » ; c'est une alliance de proscrits, dictée par des intérêts à court terme. La Syrie sunnite, baathiste et séculière n'est pas un partenaire évident pour l'Iran chiite et intégriste. Les intérêts fondamentaux du régime syrien – sa survie, la perpétuation de son emprise sur le Liban et la récupération du Golan, dans cet ordre – ne recoupent pas nécessairement ceux de Téhéran. D'où nombre d'initiatives syriennes, du dégel avec l'Arabie saoudite et l'Égypte jusqu'au dialogue avec les Américains et l'invitation de Bachar el-Assad au président Obama à lui rendre visite à Damas, en passant par les négociations avec Israël par l'entremise de la Turquie – initiatives qui ne peuvent qu'inquiéter le régime des mollahs.

D'où aussi la disponibilité toute récente de Damas à définir le tracé de la frontière syro-libanaise, ce qui permettrait enfin de régler l'irritant problème des Fermes de Chebaa. Comme on sait, Israël, en se retirant du Sud-Liban en mai 2005, a conservé ce mouchoir de poche à cheval entre le Liban et le plateau de Golan en raison de son appartenance supposée à la Syrie, ce qui impliquerait d'en régler le sort par négociation avec Damas. Or, l'occupation des Fermes, considérées par le Liban comme un morceau de son territoire national, est l'un des principaux prétextes invoqués par le Hezbollah pour s'accrocher à son arsenal. Vider cette querelle subalterne serait du pain bénit pour le nouveau Premier ministre libanais, Saad Hariri, et sa coalition pro-occidentale, qui cherchent désespérément le moyen de désarmer la milice chiite.

L'axe syro-iranien n'est donc pas une fatalité. Mais prétendre le casser comme une précondition à de vraies négociations sur le Golan, dont tout le monde connaît l'issue, et depuis fort longtemps, relève de l'illusion. Sa disparition en sera non la cause, mais la conséquence.

Le Liban sur la corde raide

Il faut, bien sûr, se réjouir de la défaite du Hezbollah aux élections de juin 2009, d'autant qu'elle n'était pas donnée à l'avance. On prédisait plutôt son triomphe. L'électorat chrétien, arbitre du scrutin mais divisé entre les deux camps ennemis par la volonté du fantasque général Aoun, de Gaulle au petit pied dont la volte-face a fait un allié des islamistes, en a décidé autrement. Effrayés par les rodomontades d'Ahmadinejad et de son allié local, cheikh Hassan Nasrallah, sans doute aussi par la menace explicite des Israéliens de considérer l'ensemble de l'État libanais comme une entité hostile en cas de victoire du Hezbollah, les chrétiens ont massivement donné leur voix à la coalition sortante issue du mouvement du 14 mars. Nous ne saurons jamais si les pressions exercées par les Américains ont eu leur part dans la victoire de Saad Hariri, le fils du Premier ministre assassiné, et de ses alliés. En cas d'échec, on n'aurait pas manqué de considérer les visites préélectorales du vice-président Joe Biden et de la secrétaire d'État Hillary Clinton comme inutilement provocatrices et contre-productives. La victoire les justifie *a posteriori* : si ce n'est pas forcément un gage de réussite, s'afficher comme ami des Américains n'est plus une garantie d'échec. L'effet Obama, sans doute. Mais aussi un effet du comportement du président syrien, apparemment sensible aux pressions saoudiennes et désireux de s'attirer les bonnes grâces de Washington. La récompense n'a d'ailleurs pas tardé, sous la forme d'une promesse d'envoi d'un ambassadeur américain à Damas.

Quoi qu'il en soit, cette victoire en elle-même ne change pas grand-chose aux dures réalités libanaises. Le Liban reste une mosaïque communautaire fragile que sa Constitution, fondée sur l'équilibre confessionnel, rend inapte à se doter d'institutions démocratiques stables et en fait le terrain de manœuvre des puissances régionales. Dans ces conditions, un gouvernement de coalition ne reflète pas des tendances idéologiques diverses que le résultat issu des urnes contraint à cohabiter au sein d'une même équipe au pouvoir ; c'est l'instantané d'un rapport de force communautaire, lui-même largement un produit de l'équilibre des forces régionales.

Dans cette partie à joueurs multiples dont les relations formelles sont figées par la Constitution, le concurrent le plus puissant reste le Hezbollah. Défaite électorale ou pas, c'est le seul qui bénéficie de l'appui d'alliés régionaux influents et déterminés, le seul aussi qui dispose d'une milice armée jusqu'aux dents, combative et efficace. Peu importe que le Parti de Dieu n'ait obtenu que onze députés sur les cent vingt-huit que compte l'Assemblée nationale libanaise et que son bloc s'y retrouve largement minoritaire. En assiégeant dix-huit mois durant le gouvernement au cœur de sa capitale avant de s'en emparer par la force en mai 2008, puis en lui imposant une minorité de blocage par l'accord boiteux de Doha du 20 mai de la même année, le Hezbollah a administré la preuve qu'il était bien le principal acteur sur la scène libanaise.

Or, les Libanais seuls sont impuissants à changer la donne. La résolution 1559 du Conseil de sécurité des Nations unies du 2 septembre 2004 prescrivant le désarmement des milices était condamnée à rester lettre morte. La seule milice encore armée sur le sol libanais n'a aucune intention de renoncer à la « résistance » et elle l'a encore affirmé haut et fort le jour même de sa défaite électorale. L'idée parfois avancée d'une force internationale visant à aider le Liban à recouvrer pleinement sa souveraineté et à bâtir des institutions démocratiques dignes de ce nom, est irréaliste. Tel qu'il est constitué, le Liban n'a pas de voix autorisée pour demander une telle intervention, et nul ne songe à y aller sans y être invité. Les gesticulations diplomatiques de Washington et de Paris n'impressionnent guère les fous de Dieu. L'influence des États sunnites « modérés » se réduit au financement des partis de la majorité, celle, toute relative, d'Israël, à la peur qu'inspire son armée.

En définitive, l'une des clés du Liban se trouve toujours à Damas. L'autre, à Téhéran.

L'ombre de l'Iran

Contrairement à ce qui s'est passé au Liban, en Iran c'est l'aile la plus dure du camp intégriste qui l'a remporté : aux élections du 12 juin 2009, Mahmoud Ahmadinejad a été brillamment réélu dès le premier tour, avec plus de 63 % de voix. C'est du moins ce qu'il prétend ; l'opposition, elle, crie à la fraude, et elle manifeste sa colère avec une énergie et une violence dont on avait perdu l'habitude depuis les émeutes estudiantines de 1999.

À l'heure où j'écris ces lignes, il s'avère de plus en plus clairement qu'on a assisté à un véritable coup d'État ourdi, dès avant les élections, par le Guide suprême au bénéfice des pasdarans. Effrayé par la défaite annoncée de son protégé, Khamenei aurait pris les devants en fixant lui-même le taux de participation et les résultats du scrutin. La signification de cet énorme tripatouillage n'est pas claire. La faille au cœur de la classe dirigeante est probablement irréparable, et définitivement compromise sa légitimité, atteinte dans la figure de proue du régime. Celui-ci évolue rapidement vers une forme de dictature militaire dont les pasdarans sont les maîtres et les mollahs la façade. L'espérance de vie d'un tel attelage est impossible à prévoir, tout comme son comportement.

Il n'est même pas certain que les réformateurs iraniens et l'Occident auraient gagné à une victoire de Moussavi, et pas seulement parce que l'homme, vieux cacique du régime, est moins un réformateur qu'un conservateur pragmatique en dissidence contre une aile plus dure au sein du même régime. Mais en admettant même que Moussavi soit une espèce de Gorbatchev à l'iranienne, dans cet étrange système politique à tiroirs, une démocratie *sui generis* enchâssée dans une théocratie soutenue par les services et les milices armées, sa victoire aurait pu déboucher sur un verrouillage autoritaire du régime, à l'instar de ce qui s'est passé après l'accession de Khatami à la présidence en août 1997. Dans un article du *Boston Globe* (« *Dark side of a reformist win in Iran* », 10 juin 2009), Mohsen Sazegara mettait en garde ses compatriotes contre l'illusion d'un véritable changement de cap de la politique iranienne en cas de victoire d'un réformateur. D'amère expérience, il savait, lui, que le Guide suprême conserverait l'essentiel du pouvoir, empêcherait toute réforme significative et lancerait les sbires du régime contre ses promoteurs. « Je sais de quoi je parle », affirmait-il. En effet, l'homme fut à la fois un des piliers du régime, cofondateur des Gardes révolutionnaires et vice-premier ministre, et une de ses victimes une fois passé à l'opposition. Paradoxalement, c'est l'arrivée au pouvoir d'Ahmadinejad qui a mis fin aux activités extra-judiciaires des différents services, dont les activités clandestines étaient devenues grâce à lui inutiles. Sa conclusion : mieux vaut un diable connu qui agit au grand jour qu'un diable caché derrière le paravent trompeur d'un régime réformateur. Ajoutons que la victoire d'Ahmadinejad, malgré le caractère repoussant et provocateur du personnage, ne signifie pas nécessairement le retour pur et simple au *statu quo ante*. L'explosion libertaire de la jeunesse iranienne, la vivacité du débat électoral et, en arrière-plan, la main toujours tendue du président des États-Unis pèseront peut-être sur l'évolution du régime dans le sens d'une plus grande ouverture. Si oui, et en quelle mesure, voilà ce que seul l'avenir nous dira.

La seule certitude est que l'Iran des mollahs est pour le Proche-Orient ce que la Corée du Nord est pour le Sud-Est asiatique : un épouvantail géopolitique. Incarnation d'un islam ravalé au rang d'une idéologie politique totalitaire, le régime est fondé sur une vision du monde cohérente, dont l'Occident est à la fois intellectuellement incapable et politiquement réticent à mesurer toutes les implications. La haine d'Israël, la volonté maintes fois affichée par Ahmadinejad de le « rayer de la carte », la négation de la Shoah devenue un des éléments centraux de sa philosophie, tout cela est bonnement incompréhensible du point de vue de la simple realpolitik. Israël n'a pas de différend territorial avec l'Iran, dont il a été l'allié ; les Perses et les Arabes sont historiquement rivaux, et l'Iran a enduré dans les années 1980 une guerre atroce contre un des principaux pays arabes, guerre dans laquelle Israël s'est rangé dans son camp. La haine d'Israël est d'essence religieuse, la destruction à laquelle il est promis relève de la logique de la guerre de religion.

Les visées hégémoniques de l'Iran dans la région ne s'expliquent pas autrement, et l'on comprend la véritable terreur que Téhéran inspire à ses voisins du Golfe et au-delà. Sous son patronage et son impulsion, le chiisme méprisé et dominé lève la tête. Ses relais tactiques peuvent être sunnites, comme la Syrie, le Soudan ou, en Palestine, les organisations islamistes, Hamas et Djihad islamique ; ses véritables alliés sont les communautés chiites des pays arabes sunnites, ou traditionnellement gouvernés par les sunnites. En Irak, où Bush leur a offert le pays sur un plateau d'argent, en Arabie saoudite, dont l'essentiel des ressources pétrolières se trouve en territoire chiite, au Bahrein, où les chiites sont largement majoritaires et au Liban, où ils forment la communauté la plus nombreuse, et, sous la férule du Hezbollah, la mieux organisée.

Pour autant, l'offensive irano-chiite ne doit pas masquer les faiblesses d'un pays et d'un régime que l'on présente trop souvent comme omnipotents. L'Iran a beau se prévaloir d'une brillante civilisation millénaire, comme on ne cesse de nous le rappeler, il n'en est pas moins un pays du Tiers Monde, sous-développé et mal unifié. Les Perses n'y constituent qu'à peine 51 % de sa population, le reste se divisant en une multitude d'ethnies, Azéris, Kurdes, Arabes, Baloutches, Turkmènes et autres, chacune très consciente de son particularisme et certaines en dissidence plus ou moins ouverte contre le régime. C'est un pays jeune, très jeune, où plus du quart de la population est âgé de moins de 15 ans et qui, la dernière campagne électorale le prouve, est profondément divisé entre villes et campagnes, classes moyennes aisées et masses pauvres, privilégiés du régime et ses laissés-pour-compte. C'est, enfin, un pays économiquement fragile, qui tire le gros de ses ressources du pétrole mais qui doit importer l'essentiel de ses produits raffinés. La puissance de l'Iran tient surtout à l'appel de son message religieux révolutionnaire parmi les masses déshéritées du monde musulman ; à sa capacité de mobilisation de ses alliés au cœur ou dans l'arrière-cour de ses adversaires sunnites ; à son potentiel destructeur dans un conflit asymétrique, la forme la plus courante de la guerre contemporaine ; et à la menace nucléaire.

La poursuite du nucléaire civil sous contrôle de l'Agence internationale de l'énergie atomique (AIEA) étant un droit fondamental reconnu à tout le monde, Iran compris, il faudrait être singulièrement naïf pour s'imaginer que Téhéran n'avance pas à grands pas vers une capacité nucléaire militaire. Dès lors, la question qui taraude la « communauté internationale », et en premier lieu les principaux intéressés – États du Golfe, Israël, États-Unis, Europe – est de savoir comment empêcher l'Iran d'y accéder. C'est, en effet, un impératif catégorique, et ceux qui prétendent qu'il faut « apprendre à vivre » avec un Iran nucléarisé font preuve d'une singulière inconscience.

Car enfin, pourquoi l'Iran a-t-il besoin de la Bombe ? Les motivations des différents détenteurs du feu nucléaire sont diverses, mais essentiellement dissuasives. Elles se lisent soit dans un rapport d'équilibre bipolaire (les États-Unis et l'URSS à l'époque de la guerre froide), soit dans un rapport d'équilibre régional (l'Inde et le Pakistan), soit dans un souci de préserver et de promouvoir une capacité d'influence globale (les membres permanents du Conseil de sécurité des Nations unies), soit enfin dans l'angoisse existentielle d'un pays minuscule et privé de profondeur stratégique en environnement hostile (Israël). La volonté du régime iranien de se doter de l'arme atomique ne répond à aucun de ces critères. En effet, depuis la destruction du régime baathiste en Irak par les Américains et l'accession au pouvoir dans ce pays d'un régime dominé par les chiites et proche de Téhéran, la seule menace sérieuse qui pesait sur l'Iran a disparu. Ne restent dès lors que deux mobiles : l'obsession israélienne et l'hégémonie régionale.

Aussi bien, pour Israël, la nucléarisation de l'Iran est un *non possumus* absolu. Un pays ouvertement promis à la destruction ne peut simplement pas se résigner à ce que ceux qui lui réservent ce sort puissent se doter de l'arme du Jugement dernier. On dira que ce n'est pas vraiment l'intention de Téhéran, et que sa volonté proclamée de « rayer l'entité sioniste de la carte » n'est qu'un stratagème destiné à lui gagner les grâces des masses musulmanes. On ajoutera que les dirigeants iraniens ne sont pas fous, et qu'ils savent qu'une attaque nucléaire contre l'État hébreu lui vaudrait une riposte foudroyante. On prétendra enfin que lancer un engin nucléaire contre Israël coûterait de nombreuses vies musulmanes, une certitude que lesdits dirigeans iraniens ne sauraient ignorer. Peut-être. Mais c'est une singulière impudence que d'exiger du peuple juif qu'il prenne un pari de cette nature.

D'abord, la « rationalité » du régime iranien est lourdement sujette à caution. Il ne faut pas oublier qu'Ahmadinejad est un illuminé millénariste, qui attend instamment l'arrivée du Mahdi, le messie chiite. En 2005, il s'est rendu à Jamkaran, tout près de la ville sainte de Qom, où le Douzième Imam va réapparaître, pour y réaffirmer sa philosophie politique : « La principale mission de la révolution, c'est de préparer le chemin pour la résurrection de l'imam caché. » Ahmadinejad, qui n'a probablement jamais lu *Les Chevaliers de l'apocalypse* de Norman Cohn, ignore que le messianisme révolutionnaire a une longue histoire en terre chrétienne, et que toutes ses tentatives se sont fort mal terminées. Mais le saurait-il qu'il n'en aurait cure, sa logique ne s'embarrasse pas des leçons de l'histoire. D'ailleurs, à ceux qui douteraient encore de ses véritables intentions pour ce qui concerne le nucléaire « civil » iranien, il offre charitablement la clé de sa stratégie : « Le droit de l'Iran à la technologie nucléaire est une des solutions qui préparent le retour de l'Imam. » Lors de son premier discours à la tribune des Nations unies, en septembre 2007, il a prié pour le retour de l'imam caché, événement apocalyptique qui sera accompagné de guerres, destructions et misères pour aboutir à un monde pacifié sous la férule de l'islam.

Élucubrations d'un cerveau dérangé ? Pas nécessairement, ou pas seulement. Le président de l'Iran n'arrive qu'en deuxième position dans la hiérarchie politique de l'État, mais bien imprudent qui prétendra que le Guide suprême, Ali Khamenei, ne partage pas sa vision du monde. Le mahdisme, en effet, a été incorporé depuis les débuts de la révolution khomeyniste dans l'idéologie officielle du régime. Pour ne prendre qu'un exemple parmi tant d'autres, en janvier 2007 un site gouvernemental iranien promettait l'arrivée du Messie « pendant la prochaine équinoxe », après quoi il ne manquera pas de tuer « son pire ennemi à Jérusalem ». Et un homme aussi « rationnel » que Mohammed Khatami, président réformateur de l'Iran de 1997 à 2005, déclarait peu avant la fin de son second mandat que « le Seigneur du Temps provoquera l'avènement d'un gouvernement mondial ». On voudra bien admettre que les Israéliens ne fassent qu'une confiance limitée à la puissance de la raison politique iranienne.

Ensuite, et surtout, même si l'Iran ne se pressait pas de lancer une attaque nucléaire contre Israël, le simple fait d'en être capable lui suffirait pour accroître immensément son influence dans la région. Un Iran nucléarisé est un Iran sanctuarisé et, avec lui, tout ce que l'État juif compte comme ennemis acharnés à le voir disparaître.

C'est peu ou prou le raisonnement des États du Golfe, à peine mieux traités dans la *Weltanschauung* des mollahs que le Satan sioniste lui-même. Le site susmentionné laisse peu de doute à ce sujet :

« Le discernement du Mahdi et sa fermeté face aux éléments néfastes portera l'effroi. Après son soulèvement à La Mecque toute l'Arabie se soumettra à lui ainsi que d'autres parties du monde, pendant qu'il marchera sur l'Iraq et établira le siège de son gouvernement mondial dans la ville de Kufa. Alors, l'Imam enverra 10 000 de ses forces à l'Est et à l'Ouest pour chasser les oppresseurs.

En ces temps, Dieu facilitera les choses pour lui et les pays seront sous son contrôle l'un après l'autre. Après son apparition, l'Imam restera à La Mecque pendant un certain temps, puis ira à Médine… Un descendant du pire ennemi du Prophète, Abu Sofyan, s'emparera de l'Iraq et du Hejaz avec la férocité d'une bête… Finalement, l'Imam Mahdi enverra ses troupes tuer Sofyani à Beit ol-Moqaddas (Jérusalem), la ville sainte islamique en Palestine occupée par les sionistes… »

Qu'on ne se gausse point de ces extravagances. Je ne cesse de plaider pour qu'on prenne au sérieux les fous de Dieu, qui, hélas, sont sincères. Cela était vrai pour un millénarisme « laïque » comme le millénarisme hitlérien, cela l'est aujourd'hui pour les millénarismes islamistes, sunnite comme chiite. Mais, encore une fois, même en deçà du projet messianique, il suffit du projet politique : pour les gouvernements arabes du Golfe ou du Machrek, un Iran nucléarisé signifie un Iran hégémonique. Les dirigeants des États sunnites « modérés » ne s'expriment pas en public comme Benyamin Netanyahou ; mais leur effroi n'est pas moindre que celui d'Israël et, en privé, ils ne sont pas les derniers à exiger des Américains qu'ils mettent fin, d'une façon ou d'une autre, aux ambitions nucléaires iraniennes.

Enfin, pour l'ensemble de la communauté internationale, États-Unis en tête, un Iran nucléarisé signifie la fin du régime du Traité sur la non-prolifération des armes nucléaires de 1968 (TNP). Il faut bien comprendre que, si l'Iran a la Bombe, tout le monde l'aura, de l'Arabie saoudite à l'Égypte et à la Turquie. Avec un Pakistan déjà pourvu et dont l'instabilité politique fait trembler les capitales occidentales, et une Corée du Nord nucléarisée, elle aussi, et plus agressive et imprévisible que jamais, un Iran à son tour armé du feu atomique signerait le glas de l'ordre nucléaire qui vivote tant bien que mal depuis plus de quarante ans. Alors, il suffira d'une étincelle, un incident de frontière, un transfert, volontaire ou non, à un groupuscule terroriste, une manœuvre dont on a mal calculé les risques…

Je disais, mettre fin d'une façon ou d'une autre. C'est toute la question, en effet. L'éventail des options n'est pas bien riche. Deux ont d'ailleurs été largement testées, sans grand résultat jusqu'ici : les sanctions et la négociation. La troisième est l'option militaire.

Le régime des sanctions imposé à l'Iran en vertu de plusieurs résolutions du Conseil de sécurité ou de décisions unilatérales des États-Unis et de l'Union européenne a durement frappé l'économie iranienne, mais le moins qu'on puisse dire est qu'il n'a pas eu le résultat escompté. Pour qu'il soit effectif, et à considérer qu'il puisse l'être, il eût fallu une coopération sans faille de l'ensemble de la « communauté internationale », notamment de la Russie et de la Chine. Cela n'a jamais été le cas. Quant à la négociation péniblement conduite de 2003 à 2005 par la troïka européenne – France, Royaume-Uni, Allemagne –, élargie l'année suivante aux États-Unis, elle n'a servi que d'écran de fumée à la poursuite du programme nucléaire iranien. La pierre d'achoppement étant l'enrichissement de l'uranium, évidemment contraire aux objectifs du TNP, on a exigé de Téhéran l'arrêt de ce programme en échange d'un « paquet » de carottes (*incentives*) politiques et économiques assorti d'une proposition de la Russie d'enrichir l'uranium iranien sur son territoire. Peine perdue. Passés maîtres dans l'art de gagner du temps, mêlant habilement protestations d'innocence et positions de principe, et pratiquant avec brio l'art de ne rien concéder tout en laissant la porte ouverte à des discussions dont rien ne permet de prévoir la conclusion, les négociateurs iraniens ont administré à leurs « partenaires » occidentaux une magistrale leçon de diplomatie. Mais il est évident que cet exercice ne saurait se poursuivre indéfiniment ; sauf à se résigner à ce qu'il ne s'achève que lorsque le point de non-retour aura été atteint.

Alors, l'option militaire ? Après tout, affirmer que l'Iran ne doit sous aucun prétexte réussir à se doter de l'arme nucléaire, c'est admettre que cette option-là est, comme on dit, « sur la table », et que l'écarter *a priori* serait stupide. Ne fût-ce que pour ne pas avoir à s'en servir.

Cela dit, une attaque contre les installations nucléaires iraniennes serait une opération d'une tout autre envergure que le raid aérien israélien qui a coûté à Saddam son réacteur Osirak, le 7 juin 1981. Sur le plan purement technique, il s'agirait cette fois de cibler des dizaines d'installations, certaines profondément enfouies sous terre. Contrairement à ce qu'on entend dans la bouche de certains experts, militairement, c'est faisable. Certes, la destruction de l'ensemble du potentiel nucléaire iranien est probablement hors d'atteinte ; mais une campagne de bombardement assez longue l'endommagerait suffisamment pour en retarder de plusieurs années la réalisation, peut-être même, au vu des ravages collatéraux infligés aux infrastructures civiles et militaires, la renvoyer aux calendes grecques.

Mais, bien entendu, la question n'est pas que de faisabilité technique. Les Iraniens disposent de moyens de rétorsion considérables. Même en l'absence de capacités propres, car on peut supposer que les sites de lancement des missiles seraient détruits par les bombardements, le régime iranien pourrait toujours bloquer le détroit d'Ormuz, provoquer des dégâts considérables chez leurs voisins et, à travers leurs alliés locaux, s'en prendre durement à Israël. Politiquement, une opération de ce genre risque d'avoir des effets contraires aux effets escomptés, aussi bien en Iran même, où la population serrerait les rangs autour du régime, que dans l'ensemble du monde musulman, sunnites et chiites confondus. D'où l'ambivalence des gouvernements du Golfe, Arabie saoudite en tête, qui ne savent pas ce qu'ils craignent le plus : la bombe iranienne ou une tentative extérieure de la supprimer.

Alors, faut-il se résigner à la nucléarisation de l'Iran ? Certes non. Cependant, les États-Unis ayant écarté pour l'heure la piste militaire, tout en interdisant avec la dernière énergie à son allié israélien de s'y aventurer tout seul, ils semblent se diriger vers une sorte de compromis historique avec le régime des mollahs. Cet arrangement prendrait la forme d'une solution à la japonaise : les Iraniens iraient jusqu'au bout de leur programme d'enrichissement de l'uranium, mais s'arrêteraient au seuil de la fabrication d'engins nucléaires.

Les chances d'un compromis de cette nature ne sont pas mauvaises. La main tendue du président des États-Unis aux Iraniens, comme à l'ensemble du monde musulman, crée un environnement psychologique favorable à la détente, d'autant qu'en Irak, en Afghanistan et au Pakistan il existe une vraie conjonction d'intérêts entre Washington et Téhéran. Le régime, sorti affaibli du spasme consécutif aux élections du 12 juin, ne va certes pas passer sous les fourches caudines, mais il n'a pas intérêt non plus à pousser les Américains à bout. Une solution de ce genre lui offrirait donc une porte de sortie honorable : il sauvegarderait l'essentiel – l'acquis nucléaire, le prestige politique et la capacité de dissuasion –, tout en évitant de tout perdre, et de se perdre, dans un coup de poker à l'issue incertaine.

La fin du « Proche-Orient arabe » ?

Dans ce chaudron de passions religieuses, de frustrations sociales et culturelles et de violence qu'est le Proche-Orient, un fait émerge, incontournable : les États arabes sunnites se trouvent sur la défensive. L'invasion de l'Irak par les Anglo-Américains a précipité le bouleversement de la carte géopolitique de la région au profit des puissances non arabes : Israël, qui n'a plus à craindre la constitution d'un front conventionnel sur son flanc oriental ; la Turquie, dont la puissance militaire, l'entregent économique et le triple rôle atlantique, européen et régional font un arbitre courtisé par tout le monde ; et l'Iran, désormais débarrassé de son principal rival et plus que jamais décidé à faire du Golfe un lac perse.

Dans cette configuration nouvelle, les vieilles alliances sont mises à mal, et d'abord la plus ancienne et la plus solide : celle nouée au lendemain de la Seconde Guerre mondiale par les États-Unis et la Maison des Saoud. Fondée sur l'or noir et une commune détestation du communisme, cette alliance a acquis une nouvelle dimension après la révolution khomeyniste de février 1979 et l'invasion de l'Afghanistan par les Soviétiques en décembre de la même année. La « doctrine Carter », renforcée deux ans plus tard par le « corollaire Reagan », a érigé le Golfe et le principal allié des États-Unis dans la région, l'Arabie saoudite, en une frontière stratégique américaine, à être défendue coûte que coûte. La première guerre du Golfe est venue prouver que ce n'était pas là vaines paroles.

Le premier accroc sérieux à cette alliance apparemment indestructible s'est produit le 11 septembre 2001, lorsque les Américains ont découvert l'ampleur de la contribution saoudienne au djihadisme international. Le second et le plus grave fut l'invasion de l'Irak, qui a laissé les Saoudiens dans un face-à-face angoissant avec leur puissant voisin chiite. Apparemment incapables de se dégager du bourbier irakien et de dicter leur loi au régime de Téhéran et à ses supplétifs syriens, libanais et palestiniens, les Américains ont beaucoup perdu de leur aura aux yeux des Saoudiens, comme des autres États sunnites de la région.

Telle est la toile de fond de l'initiative saoudienne de mars 2002. En effet, aux yeux de son auteur, le prince héritier Abdallah d'Arabie saoudite, un accord de paix israélo-palestinien endossé par l'ensemble des pays arabes et musulmans couperait l'herbe sous les pieds aux Iraniens. En disloquant l'axe Téhéran-Damas et en mettant ainsi à mal « l'arc chiite », le règlement du contentieux palestinien ramènerait la Syrie dans l'orbite arabe, pacifierait une fois pour toutes un Liban enfin soustrait à l'influence iranienne, et remettrait en selle une Autorité palestinienne tenue en échec par les alliés de l'Iran dans les Territoires.

Que Jérusalem n'ait pas saisi d'enthousiasme l'occasion historique qui s'offrait à l'État juif, lequel faisait mine de l'attendre depuis sa fondation, est un scandale. Face à l'Iran et ses satellites, c'est pourtant une nouvelle et étrange alliance d'intérêts, proprement inédite, qui, sous égide américaine, se dessinait dans la région : l'Arabie saoudite, l'Égypte, la Jordanie *et* Israël.

Il est significatif que, malgré la froideur de la réaction israélienne, ou plutôt le manque de réaction, cette alliance de fait se soit manifestée avec éclat lors de la seconde guerre du Liban, à l'été 2006, puis, quoique de manière moins spectaculaire, durant la campagne de Gaza de décembre 2008-janvier 2009. Dans les deux cas, les gouvernements sunnites ont ouvertement condamné l'aventurisme des organisations islamistes alliées à l'Iran, le Hezbollah et le Hamas, dans les deux cas ils ont soutenu en sous-main le gouvernement de Jérusalem et souhaité sa victoire[3].

Assurément, l'administration Bush a compris l'avantage qu'il y aurait à capitaliser sur cette nouvelle configuration. C'était bien l'objectif de la conférence d'Annapolis de novembre 2007. Comme on l'a vu, ce fut un coup d'épée dans l'eau. Mais le raisonnement qui y a conduit reste valable : la stabilisation de l'ensemble de la région, Golfe compris, passe aussi par la paix entre Israéliens et Palestiniens.

Je dis bien, passe *aussi*, mais non *seulement*. En effet, ne tombons pas dans l'illusion tellement courante de considérer le conflit israélo-palestinien comme l'alpha et l'oméga de tous les malheurs de la région, voire de la planète, sa résolution comme la clé de toutes les félicités. Il est raisonnable d'assumer que, quels que soient les aléas du « processus de paix », la rivalité arabo-ira-

---

3 Les oreilles de Tipi Livni, ministre des Affaires étrangères dans le gouvernement Olmert, résonnent encore des coups de téléphone de ses collègues du Golfe et d'ailleurs, dans le monde sunnite. Pour un aperçu des déclarations de leaders sunnites et des réactions de la presse arabe à « l'aventurisme irresponsable » de Hezbollah, voir par exemple *The New York Times* de 17 juillet 2006, qui rend compte du sommet de la Ligue arabe réuni d'urgence au Caire deux jours auparavant, où Saoud al-Fayçal, le ministre saoudien des Affaires étrangères, s'est montré particulièrement virulent.
Les mêmes s'en sont pris durement au Hamas. Pour un aperçu des réactions des « modérés » à l'opération « Plomb durci » : www.inss.org.il/publications.php?cat=21&incat=&read=2512. Voir aussi : www.mytimes.com/2009/01/world/middleeast/01arab.html ; www.arabiya.net/views/2009/01/01/63253.html.

nienne va se poursuivre, et qu'Israël continuera d'y jouer un rôle non négligeable. On est aussi en droit de penser que, la paix advenant, elle ne suffirait pas à en finir avec l'influence iranienne. Après tout, l'Iran est déjà à l'œuvre en Irak, en Syrie, au Soudan, en Algérie et dans le Golfe lui-même, où il entretient des relations commerciales considérables. Il est peu probable que des pays comme l'Inde, le Pakistan ou l'Afghanistan acceptent du jour au lendemain de tourner le dos à Téhéran, auquel les lient des intérêts économiques, énergétiques et stratégiques puissants. Et l'on voit mal pourquoi la Chine et la Russie cesseraient de soutenir l'Iran et de se priver ainsi d'un partenaire commercial et stratégique important sous prétexte que la paix israélo-palestinienne commanderait un nouvel alignement des forces au Proche-Orient.

Enfin, les États-Unis eux-mêmes ont besoin de l'aide de Téhéran pour pacifier l'Irak, pays en voie de devenir un protectorat iranien, et l'Afghanistan, désormais le principal souci stratégique du président Obama. Dans la mosaïque communautaire afghane, les Iraniens entretiennent des liens de sang, d'idiome ou de religion avec les minorités de l'ancienne Alliance du Nord qui a chassé les talibans du pays. Outre l'impératif d'empêcher l'Iran de se doter du feu nucléaire, c'est sa capacité de nuisance régionale qui a déterminé le président des États-Unis à changer, sinon de stratégie, du moins de tactique, et de tester la politique de la main tendue inaugurée en mars 2009 à l'occasion du Nouvel An iranien. Une main tendue qui n'est pas sans provoquer quelque inquiétude du côté de

Riyad et du Caire et qui, à l'heure qu'il est, attend toujours que Téhéran veuille bien s'en saisir.

Il n'empêche, ces *caveat* ne signifient pas qu'un accord de paix israélo-palestinien n'aurait pas d'effets bénéfiques sur l'équilibre des forces dans la région. Il faudrait être aveugle pour ne pas voir que, si tous les chemins du Proche-Orient ne passent pas nécessairement par Jérusalem, toutes leurs voies d'accès y passent bel et bien.

Surtout, quand bien même il s'avérerait que tout n'était qu'illusion, et que ledit équilibre des forces se soucie comme d'une guigne du sort du « processus de paix », c'est en lui-même, pour ses propres mérites, qu'il importerait de le mener à bien. Le sort des peuples en dépend ; son échec fera leur malheur, son succès assurera leur avenir.

Mais en sont-ils capables ? Il est temps de jeter un coup d'œil sur les principaux protagonistes de la pièce tragique qui se joue depuis un siècle au Proche-Orient.

Le premier cercle

La Palestine, un quasi-État en guerre civile larvée, ou que faire avec le Hamas ?

Comme pour tout ce qui touche le conflit israélo-palestinien, l'appréciation des réalités sur le terrain, des deux côtés de la barricade, est badigeonnée d'une couche épaisse d'idéologie. On voit non ce qui est, mais ce qu'on a choisi de voir. C'est humain ; et c'est politiquement catastrophique.

Lorsque la droite israélienne proclame qu'« il n'y a pas avec qui parler », elle n'a pas entièrement tort : il n'existe pas de voix palestinienne unique et autorisée capable de parler au nom de l'ensemble du peuple palestinien. Mais ce que ses ténors oublient de préciser, c'est que l'État d'Israël n'est pas tout à fait innocent de cet état de choses. Lorsque la gauche, ou ce qu'il en reste, accuse ses adversaires de ne pas souhaiter d'interlocuteurs palestiniens, elle n'a pas tort non plus. Mais elle se trompe quand elle affirme qu'il suffit d'en vouloir pour en trouver de crédibles. Car il est vrai que la Palestine est un champ politique en ruine. Plantons rapidement le décor.

L'histoire de l'Autorité palestinienne issue des accords d'Oslo est une longue descente aux enfers. Arafat et ses hommes revenus avec lui de l'exil tunisien n'ont pas su intégrer dans leur système de pouvoir, miné par la corruption et vivant de la charité internationale, la jeune génération parvenue à la maturité sur place, sous occupation israélienne. Surtout, ayant fait le choix stratégique d'un compromis historique avec Israël, elle s'est montrée incapable d'y parvenir. Elle aurait pu prendre appui sur ses partenaires occidentaux et sur le camp de la paix israélien pour l'arracher à un adversaire récalcitrant mais faible ; elle a préféré, nous l'avons vu, surfer sur la violence, et ce faisant s'est aliéné les premiers et liquidé le second. C'est ce choix désastreux qui, sous les terribles coups de boutoir de Tsahal, a conduit à la destruction, non seulement de ses propres institutions, mais de la société palestinienne elle-même. Lorsque Mahmoud Abbas, homme d'État réaliste et sincèrement attaché à une solution raisonnable du conflit, eut enfin remplacé un Arafat discrédité jusqu'à permettre à Sharon de le maintenir prisonnier dans son propre QG de Ramallah, il était trop tard : le Hamas était déjà en mesure de se poser en alternative crédible, du moins dans son bastion de Gaza. Voilà donc l'entité palestinienne pourvue non d'un gouvernement, mais de deux, engagés sous les yeux de l'adversaire israélien et de la communauté internationale dans une guerre civile froide, qui se réchauffe de temps à autre en brusques accès de violence.

Or, la rivalité entre le Fatah, l'épine dorsale de l'Autorité palestinienne, et le Hamas ne relève pas uniquement d'une simple compétition pour le pouvoir, aussi acerbe soit-elle. Les deux principales branches du mouvement national palestinien nourrissent des idéologies radicalement différentes et, partant, des conceptions radicalement différentes de la solution au problème du conflit avec Israël. On objecte généralement que le Fatah s'était constitué lui-même dans le refus radical d'Israël et que, sous la pression des circonstances, il a fait sa mue idéologique ; pourquoi en serait-il différemment avec le Hamas ? C'est oublier que les deux mouvements ne relèvent pas de la même logique de combat. Le Fatah était et reste un mouvement national, laïque autant que faire se peut en milieu musulman, et dont l'objectif était et reste la création d'un État-nation. Aussi radicale soit-elle, une telle organisation est susceptible d'adapter son idéologie à l'objectif recherché et de modifier sa stratégie pour y parvenir. C'est ce qu'avait compris la gauche israélienne, qui préconisait, bien avant le changement de cap de la centrale palestinienne, d'entamer des négociations avec ceux de ses responsables qui s'y montreraient ouverts.

Le Hamas, c'est tout autre chose. Cette branche des Frères musulmans jordaniens n'est pas un mouvement nationaliste, ou du moins n'est pas qu'un mouvement nationaliste ; elle est religieuse et s'insère dans un ensemble plus vaste, dont le champ d'action est l'*Oumma* islamique tout entière. La lecture de sa Charte, adoptée peu de temps après sa création, en août 1988, est édifiante[4]. La Palestine n'est pas la terre où le peuple palestinien doit réaliser ses buts nationaux en y bâtissant un État-nation ; elle est propriété de l'islam (*wakf*) « jusqu'au Jugement dernier », patrimoine sacré dont nul n'a le droit d'aliéner la moindre parcelle au profit d'un tiers (article 11). La faillite de l'OLP, fondée sur une idéologie laïque « en totale contradiction avec l'idéologie religieuse », provient précisément de sa méconnaissance de la « nature islamique » de la Palestine (article 27). Toute négociation de paix aboutissant nécessairement à un compromis, elle contredit ce principe et vise uniquement à installer des mécréants en terre musulmane. Le seul moyen légitime pour recouvrer les droits du peuple palestinien est donc le djihad (article 13). La guerre sainte est le devoir individuel de chaque musulman, le but de l'édu-

4 www.extremecentre.org ; www.rebelles.info/article-26211797.html.

cation à tous les niveaux étant d'instiller cette vérité dans l'esprit de la jeunesse et d'en chasser les influences étrangères, « orientalistes » ou « missionnaires » (article 15). Tellement central est l'impératif du djihad, que la femme doit s'y livrer sans la permission du mari et l'esclave sans celle de son maître (article 12). Bien sûr, les fils des autres monothéismes peuvent vivre en paix en Palestine, à condition qu'ils se soumettent à la « bannière de l'islam » (article 31). Mais que les musulmans se méfient : Juifs et Croisés n'ont cessé de comploter contre eux. Les Juifs surtout, qui, grâce à leur argent, manipulent les médias du monde entier et sont à l'origine de toutes les révolutions, française et communiste comprises, comme de tous les conflits à travers le monde : « Il n'existe aucune guerre dans n'importe quelle partie du monde dont ils ne soient les instigateurs. »

N'en déplaise aux tenants d'une realpolitik dont les membres de la Résistance islamique se moquent éperdument, la Charte du Hamas inspire les faits, gestes et déclarations de ses dirigeants. Il serait fastidieux de les énumérer. Mais lorsque, le 3 mars 2009, Kahled Meshal, le chef du Bureau politique du Hamas installé à Damas, déclare à Moscou : « La question de la reconnaissance est une question tranchée ; nous n'avons pas l'intention de reconnaître Israël », on peut le croire. Le refus obstiné de se plier aux trois conditions imposées par le Quartet – reconnaissance d'Israël, renonciation à la violence, acceptation des accords passés – n'ont rien de tactique ; elles relèvent de la nature même du mouvement, de sa raison d'être.

Si je rappelle ces évidences, ce n'est pas pour gagner des points dans je ne sais quelle bataille de propagande. D'ailleurs, comme nous le verrons tantôt, une conception parfaitement symétrique de la Terre entendue comme don de Dieu sacré et inaliénable, fait des ravages aussi du côté juif de la tranchée. Non, c'est plutôt pour tenter de répondre de manière tant soit peu réaliste à la question qui taraude tous ceux qui s'intéressent de près ou de loin au conflit du Proche-Orient : que faire avec le Hamas ?

*

Remarquons d'abord que le Hamas n'est pas uniquement un problème israélien, mais régional, et donc international. Sa prise de contrôle de la Bande de Gaza, d'abord par les urnes, le 25 janvier 2006, puis par un coup sanglant en juin de l'année suivante, a envoyé des ondes de choc dans tous les pays voisins, et d'abord en Égypte et en Jordanie, où les Frères musulmans constituent la première force d'opposition à des régimes faibles et discrédités. Voilà le Hamas désormais installé au pouvoir dans un mini-État dressé à leurs portes. Certes, en termes classiques de puissance, ce mini-État miséreux et enfermé dans sa cage n'a pas grand-chose pour lui. En termes de guerre asymétrique, il est redoutable. Client de l'Iran – Meshal n'est-il pas allé jusqu'à proclamer le Guide suprême Ali Khamenei le « chef des musulmans » ? – et de la Syrie, il apporte un supplément substantiel à l'arc chiite, radicalise les opinions publiques, déstabilise gravement les régimes pro-occidentaux de la région et menace de renvoyer aux calendes grecques le règlement de la question palestinienne qui fonde leur stratégie de survie. à quoi s'ajoute pour Le Caire la peur de se voir imposer à terme la responsabilité sur le territoire. On comprend que les Égyptiens se soient investis avec l'énergie du désespoir dans le « dialogue national palestinien de réconciliation » – un dialogue en dents de scie, qui bute sans cesse sur la double question de la rivalité des deux frères ennemis et des conditions du Quartet. Deux faces d'un même problème, apparemment insoluble : le Fatah refuse de partager le pouvoir avec le Hamas, le Hamas refuse d'endosser lesdites conditions.

D'autant que la marge de manœuvre des deux protagonistes est étroite. Le voudrait-elle que l'Autorité palestinienne ne saurait accepter le partage du pouvoir avec le Hamas à cause de l'opposition de son partenaire israélien. Et, au-delà même de ses présupposés idéologiques, l'organisation islamiste est surveillée par ses patrons iraniens, syriens et, dernièrement, qataris : les deux premiers sont peu pressés de renoncer à une carte maîtresse dans leur bras de fer avec les régimes arabes « modérés », voire dans la négociation complexe qu'ils s'apprêtent à nouer avec Washington ; le troisième risque d'y perdre l'avantage qu'il a su s'arroger sur l'Égypte dans son rôle de « médiateur », au Liban comme parmi les Palestiniens. On a eu un aperçu de ces manœuvres pendant la guerre de Gaza, lorsque le Qatar, agissant au nom des radicaux, a réuni le 16 janvier un « sommet d'urgence pour Gaza » destiné à confisquer aux « modérés » la question de la reconstruction du territoire. Ceux-ci ont répliqué avec leurs propres sommets, le premier au Koweït trois jours plus tard, le second à Abou Dhabi, le 3 février, ce dernier réuni à la hâte pour faire pièce à l'appel de Khaled Meshal de créer une OLP alternative. Il s'agissait d'empêcher l'Iran d'avancer ses pions dans le monde arabe à la faveur de l'offensive israélienne, de remettre en selle l'Autorité palestinienne en tant que seul représentant du peuple palestinien et de réaffirmer l'attachement des participants à l'initiative de paix saoudienne. Depuis, les deux coalitions campent sur leurs positions.

Alors, que faire avec le Hamas ? Deux attitudes me paraissent également contre-productives : celle qui consiste à ignorer tout bonnement la nature du mouvement islamiste ; et celle qui s'en prévaut pour ignorer le mouvement lui-même. Les amis occidentaux des Palestiniens et les tenants autoproclamés de la realpolitik professent la première. Israël a opté pour la seconde, en tentant de l'asphyxier par le blocus et de l'éliminer par la force. Enfin, les États-Unis et l'Union européenne se tiennent dans un entre-deux inconfortable, en opposant au Hamas le droit international et en lui imposant des sanctions, tout en négociant en sous-main avec ses représentants.

Or, s'il est évident que les rapports de force dans la région rigidifient les attitudes et rendent difficile une réponse arabe claire à cette question, il est tout aussi évident que la stratégie poursuivie jusqu'ici par Israël et ses amis occidentaux n'a pas vraiment été un franc succès. S'il faut admettre que l'installation d'une entité hostile et violente à ses portes est un problème majeur pour l'État hébreu, comme il le serait pour n'importe quel État placé dans la situation pénible d'avoir à l'affronter, enfermer un million et demi de personnes dans une prison à ciel ouvert est à la fois moralement condamnable et politiquement discutable. De même, s'il faut comprendre qu'Israël ait fini par réagir par la force au supplice chinois des roquettes qui visaient délibérément sa population civile, à la fois moralement condamnables et politiquement discutables furent l'ampleur et la brutalité de la riposte. Bref, même s'il a souffert des coups douloureux et si le bilan de sa « résistance » est loin d'être évident, le Hamas est toujours là, apparemment indéboulonnable – une preuve de plus, s'il en fallait, des difficultés inhérentes aux guerres « asymétriques ».

Faut-il pour autant « parler avec le Hamas », comme nous y invitent tant de bons esprits ? Il ne le faut pas. Même si l'on faisait abstraction de l'idéologie de l'organisation – en clair, l'aspiration proclamée de détruire Israël – et si l'on assumait qu'elle ne demandait pas mieux que de « parler » avec Israël – ce qui reste à démontrer –, il y aurait toujours trois raisons puissantes pour s'interdire un tel dialogue.

La première est affaire de principe. En effet, on voit mal au nom de quoi l'on offrirait la reconnaissance qu'implique toute négociation à une organisation vouée explicitement à la destruction d'un membre de la communauté internationale et qui rejette obstinément des conditions minimales à sa reconnaissance. On objectera qu'on parle bien avec l'Iran. C'est exact. Mais le Hamas n'est pas l'Iran. La suite montre pourquoi.

La deuxième est qu'on ne saisit pas très bien à quoi un dialogue avec le Hamas pourrait aboutir. L'objectif de la négociation avec le régime des mollahs est clairement défini (encore que ses chances de succès restent aléatoires) : l'arrêt du programme nucléaire iranien. Avec le Hamas, l'objectif n'est pas clair du tout. La paix étant exclue, il reste la vague promesse d'une *houdna*, une trêve islamique de plus ou moins longue durée, révocable par définition. On dira qu'il serait imprudent de se priver d'une telle trêve, à tout prendre meilleure que la situation actuelle qui, elle, est proprement intolérable. Après tout, dix, quinze ou vingt ans, c'est long ; pourquoi ce répit, les circonstances évoluant en même temps que les esprits et les rapports de force, ne déboucherait-il pas sur la paix ? Ce n'est pas un argument négligeable. Mais outre que le prix exigé à l'avance (rétrocession totale des territoires occupés, division de Jérusalem, retour des réfugiés) est tel qu'aucun gouvernement israélien, aussi colombe soit-il, n'y souscrirait même en contrepartie d'un accord de paix en bonne et due forme, il reste la troisième raison.

C'est la plus lourde de conséquences. « Parler avec le Hamas » reviendrait non seulement à donner un prix, et quel prix, à une idéologie obscurantiste et éradicatrice et à l'attentat-suicide érigé en moyen légitime de « résistance ». Cela signifierait offrir une belle victoire aux radicaux au détriment des « modérés » dans la région. Surtout, ce serait condamner à mort l'Autorité palestinienne. Car l'interlocuteur légitime d'Israël, reconnu par lui comme par l'ensemble de la communauté internationale existe, c'est Mahmoud Abbas et son gouvernement de Ramallah.

Imaginons un instant que les Palestiniens, ou les Américains, ou les Européens décident d'ouvrir des négociations officielles avec le Bloc de la Foi, l'organisation israélienne qui est le fer de lance de la colonisation des Territoires occupés, ou avec le Conseil de Judée-Samarie qui représente les colons. Quel sens politique cela aurait-il ? Et comment réagirait le gouvernement de Jérusalem ?

Que faire dès lors ? D'abord, et tout de suite, il appartient à Israël de faire enfin ce qu'il aurait dû faire depuis longtemps pour revivifier une Autorité palestinienne aux abois : démanteler les barrages en Cisjordanie qui rendent la vie des habitants intolérable et obèrent leur économie, libérer la plupart des prisonniers, rouvrir les frontières aux hommes d'affaires et aux travailleurs ; bref, tout ce qui est susceptible d'améliorer la vie des gens et permettrait à l'Autorité palestinienne de leur prouver que la voie de la paix est préférable à la confrontation. Sous la pression de Washington, et jugeant sans doute qu'en lâchant du lest il gagnerait quelque répit sur le front autrement difficile des colonies, Israël s'est enfin engagé sur cette voie. Il est vrai que la situation sécuritaire le permet dorénavant. En effet, entraînés par les Américains, les forces de sécurité palestiniennes se sont montrées, de l'aveu même des généraux israéliens, remarquablement efficaces, au point qu'une ville comme Jénine, naguère le foyer du terrorisme en Cisjordanie, est aujourd'hui un havre de paix. Bien entendu, à la longue, cela ne suffira pas. Il faudra bien offrir à l'Autorité palestinienne un vrai horizon politique.

Ensuite, ou plutôt en même temps, pousser à une réconciliation, sous la houlette de cette dernière, entre les frères ennemis de Gaza et de Cisjordanie. Car il ne s'agit pas plus d'ignorer le Hamas que de lui ouvrir un boulevard politique. Il s'agit de faire pression sur lui pour qu'il accepte, non de se dédier, mais d'intégrer une structure palestinienne unitaire dans laquelle il puisse noyer ses objectifs idéologiques. Si ses dirigeants qui, unis sur la stratégie à très long terme mais divisés sur la tactique ici et maintenant, sentent que, faute de soutien, ils jouent la survie de leur mouvement, ils pourraient s'y résoudre. Après tout, comme le montre l'exemple des Frères musulmans, certains chefs du Hamas sont capables de souplesse tactique. On sait aussi qu'entre le Hamas de l'intérieur et celui de Damas, il y a souvent plus qu'une nuance – ainsi, en décembre 2008, c'est Meshal qui, à l'encontre de l'opinion d'Ismaïl Haniyeh, le chef du gouvernement de Gaza, a décidé de dénoncer le cessez-le-feu avec Israël, ce qui a amené sur la tête des Gazaouis le déluge de feu de l'opération « Plomb durci ». Tout comme à Gaza, des divergences parfois acerbes éclatent entre la branche politique du mouvement et son bras armé. On sait enfin que l'« effet Obama » n'a pas épargné le Hamas, puisque Khaled Meshal lui-même a daigné le trouver à son goût.

Au moment où j'écris ces lignes, le résultat des négociations entre l'Autorité palestinienne et le Hamas sous la férule de l'Égypte est loin d'être garanti. Leurs relations sont exécrables. Le coup du Hamas de juin 2007 a fait près de deux cents morts, la plupart affiliés au Fatah, et ce chiffre n'a cessé de s'alourdir depuis. Des centaines de prisonniers croupissent dans les geôles de Gaza et de Cisjordanie, cependant que les deux organisations se jettent à la tête des accusations lourdes de menaces : le Hamas d'avoir projeté l'assassinat du Président de l'Autorité palestinienne, cette dernière de collaborer avec l'occupant sioniste au point d'espionner à son profit auprès du Hamas.

Pourtant, les deux parties savent qu'ils n'ont pas vraiment le choix. Mahmoud Abbas sait qu'aucune solution du contentieux israélo-palestinien ne sera possible tant que son peuple restera divisé entre deux entités géographiques et politiques rivales. Pour lui, l'unité est une question de vie ou de mort.

Quant au gouvernement de Haniyeh, s'il a réussi à ramener un semblant de loi et d'ordre dans le territoire – au prix, d'ailleurs, d'un véritable régime de terreur –, ainsi qu'à reconstituer la capacité militaire de son mouvement, ses rodomontades sont impuissantes à masquer l'amère vérité : les buts de guerre de la « résistance » n'ont pas été atteints. Les Gazaouis manquent de tout et, pour l'essentiel, l'économie du territoire continue de dépendre de tunnels creusés sous la frontière avec l'Égypte. En effet, et contrairement aux promesses de leurs dirigeants, le siège, militaire, économique et diplomatique, n'a toujours pas été levé, et leurs gens croupissent toujours dans les prisons israéliennes. Le calme précaire qui règne à la frontière avec Israël est dû à la peur des représailles ; peu de Gazaouis sont prêts à goûter encore une « victoire » comme celle de janvier.

On est donc en droit de penser que la direction politique du mouvement est prête à signer un pacte de réconciliation avec l'Autorité de Ramallah. Le problème est que sa branche militaire ne l'est pas. Or son chef, Ahmed al-Jabari, se trouve à la tête d'une force de quelque huit mille hommes, dont la puissance et l'influence n'ont pas cessé de croître depuis l'opération « Plomb durci ». En définitive, la décision dépendra de Khaled Meshal, l'homme qui, depuis Damas, détient l'essentiel du pouvoir au sein du Hamas.

*

Aux dernières nouvelles, un nouveau plan est sur la table. Il prévoit la création d'un comité conjoint de deux douzaines de membres. Placé sous l'autorité, lointaine, de Mahmoud Abbas et agissant exclusivement à Gaza, ce comité serait chargé de recueillir les fonds internationaux prévus pour la reconstruction du territoire, de proposer des réformes pour une meilleure gouvernance et de préparer les élections présidentielle et législative prévues pour janvier 2010 – élections d'où serait issu le gouvernement de l'ensemble de la Palestine et dont toutes les factions s'engageraient à respecter les résultats quels qu'ils fussent. Enfin, il est question d'une force arabe multinationale qui opérerait dans la Bande de Gaza en parallèle avec des forces conjointes du Fatah et du Hamas.

Quelles sont les chances de ce plan, ou de tout autre qui ne manquera pas de resurgir si celui-ci échoue ? Faibles à nulles, hélas. Nous y reviendrons. En attendant, la Syrie a été priée par l'envoyé spécial du président Obama dans la région, George Mitchell, d'user de son influence sur le Hamas pour l'amener à coopérer. Pourquoi les Syriens feraient-ils cela ? Eh bien, pour prix de leurs bons offices, Washington a promis d'envoyer un ambassadeur à Damas – le dernier avait été rappelé après l'assassinat de Rafic Hariri – et de s'intéresser de plus près à la piste israélo-syrienne. Mais oui, tout se tient au Proche-Orient...

Israël, une démocratie en crise permanente

Au cœur d'un Proche-Orient plongé tout entier dans le sous-développement, Israël fait figure d'exception. Avec un PIB par tête d'habitant proche des normes européennes, une économie puissante et diversifiée et un secteur fondé sur le savoir qui en fait l'un des premiers centres de hautes technologies de la planète, c'est un pays du premier monde, entré de plain-pied dans la mondialisation.

Pour qui embrasse d'un coup d'œil les six décennies qui se sont écoulées depuis sa création, son évolution tient du miracle. Née de la guerre et dans la guerre, trois années à peine après la clôture du chapitre le plus cruel de l'histoire des hommes, la chétive entité à laquelle peu donnaient à l'époque une chance raisonnable de survie, a fait mentir tous les pronostics et fait preuve d'une formidable capacité de résistance. Israël a su défaire des ennemis acharnés à le détruire, jusqu'à les forcer à admettre l'inéluctabilité de son existence et à signer la paix avec lui. Assiégé et se battant sans cesse pour sa survie, il n'en a pas moins réussi la plus extraordinaire entreprise d'intégration d'immigrés de l'histoire des migrations humaines. Il a offert le cadre à l'émergence d'une culture nationale vigoureuse, fondée sur l'étonnante aventure de la réinvention d'une langue ancienne à demi-morte. Et, à l'encontre de l'expérience commune des peuples en guerre permanente, il a accompli tout cela tout en faisant preuve d'une vitalité démocratique exemplaire. Osons l'affirmer, parce que c'est vrai : parmi les communautés humaines originales nées au XXe siècle, deux seules ont connu un tel succès, aussi complet que l'expérience humaine le permet : l'Europe et Israël.

Nuançons maintenant. Car, à l'évidence, « il y a quelque chose de pourri dans le royaume d'Israël ». L'éducation, jadis de bon niveau, est à vau-l'eau. Les universités, autrefois florissantes, souffrent d'une misère budgétaire qui est elle-même le fruit d'une politique myope et analphabète. Dans un pays fondé sur l'idéal égalitaire, les écarts sociaux sont devenus obscènes – les plus larges, en fait, du monde développé après les États-Unis. La classe politique est d'une indigence affligeante ; il suffit d'observer que, là où la situation exigerait un Ben Gourion, on se retrouve avec un Netanyahou. De fait, les meilleurs esprits boudent la politique, considérée avec un mépris aussi peu dissimulé que dommageable pour la santé démocratique du pays. Dans une presse autrefois vigoureuse et diversifiée, aujourd'hui tombée aux mains de trois grandes familles monopolistes et normalisée, seul sauve l'honneur le quotidien *Haaretz*. Les partis, parfaitement clonés, ne sont plus que de vulgaires pourvoyeurs de candidats au pouvoir. Le Parti travailliste, qui a fait ce pays, en voie de disparition, et le Likoud vidé de sa substance par la mort clinique du Grand Israël, le débat idéologique est devenu une affaire privée. Bien malin, en effet, qui pourra distinguer les programmes, et surtout les comportements, de la « droite », de la « gauche » ou du « centre », de Netanyahou, Barak et Tzipi Livni. Pour trouver quelque vigueur idéologique, il faut aller aux extrêmes, surtout à l'extrême droite nationaliste et religieuse. Dans ce vide politique et idéologique, l'armée remplit un rôle disproportionné. Or, ce n'est pas la même armée. Le seul élément sociologique idéologiquement motivé étant désormais la droite national-religieuse, les unités combattantes sont de plus en plus peuplées de jeunes portant la kippa crochetée caractéristique de ce courant. Une raison de plus, et pas des moindres, pour se dépêcher de régler la question palestinienne...

Qu'est-ce qui s'est passé, ou, pour user d'une expression anglaise plus éloquente, *what went wrong* ? Pour une part, l'explication tient à l'évolution de la société israélienne elle-même. Le collectif mobilisé des origines, serré autour de ses chefs et de son idéologie fondatrice, a cédé sous la double influence de l'immigration de masse et de la mondialisation. Le succès même du sionisme l'a vidé de sa substance et l'a privé de sa capacité de mobilisation. Dans les années 1980, Israël s'est réveillé de son long rêve unitaire et s'est découvert une mosaïque de tribus, chacune avec sa mémoire plus ou moins blessée, ses coutumes ancestrales, ses chefs...

Le système électoral a, tout à la fois, reflété, précipité et aggravé l'évolution socioculturelle. Calqué sur le mode d'élection de l'Organisation sioniste mondiale d'avant la création de l'État, le scrutin à la proportionnelle intégrale a fragmenté jusqu'à l'absurde la représentation nationale et interdit ainsi la formation de coalitions stables, capables d'un minimum de planification à long terme. Jusqu'à la fin des années 1970, une formation pivot, le Parti travailliste, a pu, grâce à son aura et à une pléiade de chefs à la légitimité forte, constituer autour de lui des majorités à peu près stables. Au cours de la décennie suivante, on a assisté à la mise en place d'une sorte de bipartisme, Travaillistes et Likoud dominant encore largement la scène politique. Depuis, c'est la débandade. Aux dernières élections, en février 2009, trente-quatre listes ont sollicité les suffrages des citoyens, douze ont réussi à franchir la barre électorale, ridiculement basse (2 %), pour entrer à la Knesset, et les trois « grands » partis, Kadima, Likoud et Travaillistes, ont gagné ensemble à peine plus de la moitié des cent vingt sièges que compte le Parlement.

On ne dira jamais assez l'influence délétère de ce mode de scrutin sur la vie politique du pays et la manière désastreuse dont il affronte ses défis fondamentaux. Un Premier ministre pressenti s'occupe moins du programme de la coalition qu'il cherche à mettre sur pied que de l'épuisant et dégradant marchandage qui lui permettra de la former. Une coalition de toute manière éphémère : la durée de vie d'un gouvernement israélien est d'environ deux ans. Une fois élu, il est à la merci de ses partenaires.

Comme toute coalition est un patchwork de partis aux visions du monde disparates et souvent contradictoires, sa marge de manœuvre est nécessairement étroite. Occupé surtout à se survivre, se gardant un coup à gauche et un coup à droite, les yeux fixés sur l'horizon glorieux du sondage du jour, il aura tendance à laisser les décisions lourdes à ses successeurs. Un tel homme fait plutôt pitié qu'envie, et l'opinion sceptique le renverra bientôt à son insignifiance. Quitte à le remplacer par un clone, voire par lui-même une fois que, *levitas popularis*, elle aura oublié à quel point elle le détestait lorsqu'il était au « pouvoir ».

Comment un gouvernement ainsi fait serait-il en mesure de relever les défis redoutables, internes et externes, que doit affronter l'État d'Israël ? Parfois, la conjonction d'une personnalité dominatrice et du désert politique qui l'entoure produit un petit miracle décisionnaire. Quelle que soit l'appréciation que l'on porte sur l'homme et sa politique, ce fut le cas, on l'a vu, avec Ariel Sharon. Mais c'est l'exception plutôt que la règle.

Le troisième est plus important élément de réponse à la question que nous posions tantôt est l'occupation. L'occupation qui engloutit des sommes gigantesques, quelque 500 millions de dollars par an sans compter les dépenses militaires et sécuritaires, 100 milliards en tout depuis ses débuts, dont elle prive un État providence, un réseau scolaire et universitaire et un système de santé en pleine déliquescence. L'occupation qui distend le ressort moral de la société israélienne et ronge de l'intérieur sa démocratie, car il est vain d'imaginer que l'on puisse indéfiniment conserver intactes des structures démocratiques en deçà de la Ligne verte alors qu'on tolère un état d'absolue anomie au-delà. L'occupation qui ternit l'image d'Israël aux yeux des nations du monde et sape sa légitimité internationale. L'occupation qui, si l'on souffre qu'elle se poursuive, met en danger, plus sûrement que tous les ennemis d'Israël pris ensemble, la survie même de l'État juif.

Assurément, l'occupation des territoires palestiniens est la conséquence d'une guerre imposée à Israël par la folie des grandeurs de Nasser. Assurément encore, lorsqu'un homme d'État de la trempe de Sadate a su faire les gestes qu'il fallait, Israël a répondu à la main tendue et a restitué le Sinaï, tout le Sinaï, « jusqu'au dernier grain de sable ». à l'époque déjà, il lui a fallu pour cela démanteler les colonies qu'il avait imprudemment implantées en territoire égyptien. Mais la « Judée-Samarie » n'est pas le Sinaï…

*

Provisoire et purement militaire, en attendant la paix et servant de monnaie d'échange pour y parvenir, l'occupation eût été un mal nécessaire. Mais Israël s'est installé dans ses conquêtes et, le cerveau embrumé de rêves messianiques, s'est mis à se les approprier. L'administration Obama a enfin mis le doigt sur la principale maladie d'Israël, celle qui en un sens symbolise et conditionne ses autres affections : les colonies.

Le monde n'a jamais aimé cela, les Américains non plus. Sur le plan du droit international, installer des colons sur un territoire occupé est illégal ; sur le plan politique, la colonisation crée des faits accomplis évidemment préjudiciables au règlement du conflit. Israël s'est efforcé de présenter une autre lecture du droit international : les territoires conquis en juin 1967 n'auraient pas tous le même statut. Si le Sinaï égyptien et le Golan syrien sont effectivement des territoires occupés (ce qui n'a pas empêché leur colonisation, voire, dans le cas du Golan, son annexion pure et simple), dont l'occupation se justifiait en termes sécuritaires, tel ne serait pas le cas de Jérusalem-Est et de la Cisjordanie rebaptisée de ses noms bibliques de Judée et Samarie. Ces territoires n'avaient-ils pas été occupés illégalement par la Jordanie dans la foulée de la première guerre israélo-arabe de 1948 ? Le gouvernement israélien préféra donc parler de « territoires retenus » (*moukhzakim*) jusqu'à ce qu'un hypothétique accord de paix en règle définitivement le statut. Cette fine distinction n'impressionna pas grand monde. Mais elle permit à Israël d'annexer sans coup férir la Vieille Ville, « réunifiant ainsi sa "capitale éternelle", tout en se gardant de faire de même avec la Cisjordanie. Et de coloniser partout, avec plus ou moins d'énergie et d'enthousiasme selon l'époque, l'équipe au pouvoir à Jérusalem – et les réactions internationales, ou plutôt américaines.

Raconter ici par le menu l'histoire de la colonisation des Territoires occupés n'aurait pas grand sens. Disons simplement qu'Érasme eût trouvé dans cette vaste entreprise d'aveuglement volontaire de beaux portraits pour son *Éloge de la Folie*. Cela a commencé tout doucement, dès après la guerre des Six Jours, par de petits gestes symboliques, accomplis par une avant-garde issue de la frange religieuse, jusque-là négligeable, du sionisme politique. De jeunes gens gradués des *yeshivot* (académies talmudiques) affiliées à ce courant sioniste-religieux, et passés par les unités combattantes se sont senti pousser des ailes : dans l'entreprise sioniste historique, ils n'étaient pas grand-chose ; dans ce qu'ils estimaient être sa suite logique, après la conquête miraculeuse de l'ancien berceau du peuple juif, ils pouvaient enfin donner leur pleine mesure. Tétanisé par la rhétorique « pionnière » de ces militants, le vieil establishment travailliste, amolli par l'exercice ininterrompu du pouvoir depuis les origines de l'implantation juive en Palestine, a fermé les yeux. Du moins en « Judée-Samarie ». Ailleurs, dans la vallée du Jourdain, dans le Sinaï et sur le Golan, il avait son propre projet colonisateur, au nom cette fois de la sécurité.

Petit à petit, la brèche s'est élargie. Dans la foulée de la guerre du Kippour, la colonisation a été prise en main par un groupe de pression, petit mais extraordinairement efficace : *Goush Emounim*, le Bloc de la Foi. Ses membres prétendaient agir au nom de la continuité de l'aventure pionnière du sionisme ; ils agissaient en fait au nom d'une idéologie de rupture : le sionisme classique voulait sauver le peuple en lui offrant une terre ; le leur, mâtiné de messianisme, entendait se servir du peuple pour rédimer la Terre.

Cependant, tant que les Travaillistes sont restés au pouvoir, l'ampleur de la colonisation est restée modeste et motivée par des considérations sécuritaires : trente-deux implantations en tout (Jérusalem non comprise), avec 6 000 colons. L'arrivée de la droite, lors du « renversement » historique de mai 1977, a ouvert les vannes. Désormais, l'entreprise d'appropriation des Territoires occupés se voyait érigée en priorité nationale, à laquelle toutes les agences du gouvernement étaient appelées à collaborer. Si pendant l'intermède travailliste de 1992-1994, le gouvernement Rabin arrête l'expansion géographique de la colonisation et abolit son statut préférentiel, du moins en Cisjordanie, son développement démographique se poursuit, et le processus d'Oslo n'y change rien. Ce gel partiel est d'ailleurs supprimé dès l'arrivée de Benjamin Netanyahou aux affaires, en mai 1996, qui rétablit aussitôt le statut de « priorité nationale » des colonies de Cisjordanie et encourage leur expansion. Nouvel espoir et nouvelle déception avec l'élection d'Ehud Barak, en avril 1999, sous lequel la colonisation se poursuit de plus belle, mieux en fait que du temps de son prédécesseur. Enfin, si son successeur, Ariel Sharon, conçoit et exécute de main de maître le « désengagement » de la Bande de Gaza, c'est pour mieux continuer à coloniser la Cisjordanie, au mépris des provisions de la « feuille de route » qu'il a pourtant fait mine d'endosser.

C'est ainsi qu'Israël a fabriqué de ses propres mains le Golem qui devait fatalement un jour se retourner contre lui. On a vu comment l'Histoire, déesse ironique et cruelle, s'est jouée de Sharon. Elle doit se pourlécher les babines, puisque le plus beau festin est encore devant elle.

*

Où en sommes-nous aujourd'hui ? En Cisjordanie vivent 295 000 colons dans deux cent vingt-sept implantations de dimensions inégales et de statuts différents, auxquels il faut ajouter environ le même nombre dans les quartiers construits autour de Jérusalem depuis la conquête de la Vieille Ville. Il existe trois types d'implantations. Le premier, qui concentre environ 80 % de la population des colons sur 6 % de la Cisjordanie, est constitué de blocs compacts, le long de la Ligne verte, et dont les différents plans de paix prévoient l'annexion à Israël en échange d'un territoire équivalent prélevé sur le désert du Néguev : du nord au sud, Ariel, Maalé Adumim, Goush Étzion. Le deuxième regroupe les implantations « légales », c'est-à-dire autorisées par le gouvernement, qui sont éparpillées à travers le territoire au-delà de la barrière de sécurité. Le troisième, enfin, c'est la centaine de colonies « sauvages » (*outposts*), érigées sur des terres volées à leurs propriétaires palestiniens, dont plus de la moitié du temps du gouvernement Sharon et avec son encouragement explicite, et illégales aux yeux du gouvernement de Jérusalem lui-même. « Illégales », certes, mais bâties au vu et au su du souverain du territoire, Tsahal, protégées par ses soldats et pour la plupart connectées aux réseaux nationaux d'électricité, d'eau et de téléphone.

Prétendre que les colonies « ne constituent pas un obstacle à la paix » est une imposture. Un coup d'œil sur la carte de la colonisation de type 2 suffit pour montrer qu'elles ont été plantées de manière à empêcher la création d'un État palestinien « contigu et viable », celles de type 3 jouant un rôle de ceinture protectrice autour des premières. Or, la qualité des colons qui s'y sont installés fait de ces points de peuplement des bombes à retardement.

Il faut savoir que la moitié environ des colons installés en « Judée-Samarie » ne sont pas religieux et que la plupart y vivent pour des raisons qui n'ont pas grand-chose à voir avec l'idéologie et beaucoup à voir avec les avantages fiscaux, la qualité de vie, la gratuité des infrastructures et le prix modique de l'habitat. Ceux-là accepteront de s'évacuer moyennant compensation. Quelque 50 000 colons forment un noyau dur idéologiquement motivé, qui, on en a eu un avant-goût dans la Bande de Gaza, ne lâcheront pas facilement le morceau. Enfin, une poignée de fanatiques difficile à estimer, mais probablement forte de plusieurs milliers d'individus, est, elle, prête au coup de feu. Ce sont ces « jeunes des collines » qui peuplent les implantations « sauvages ».

Sous la pression américaine, enfin conséquente, l'incroyable complicité entre un État de droit et une entreprise criminelle de spoliation vit ses derniers jours. Certes, l'hostilité de Washington à l'égard de la colonisation israélienne n'est pas nouvelle. Mais, d'une manière ou d'une autre, tous les Premiers ministres d'Israël ont réussi à rouler leurs interlocuteurs américains dans la farine, et ces derniers ont réagi mollement, en protestant pour la forme et, à l'exception du tandem Bush (père)-Baker, en ne faisant rien sur le fond. Distinction oiseuse à la Rabin entre « implantations de sécurité » et « implantations politiques » ; vagues promesses orales d'éviter des gestes unilatéraux susceptibles d'affecter l'accord définitif ; engagements, restés lettre morte, de délimiter avec précision l'aire des colonies ; l'invention par Sharon d'une équation faisant dépendre le respect de ses engagements du respect par les Palestiniens de leurs propres obligations – selon la formule élégante de Netanyahou, « *If they give, they will get, if they don't give, they won't get* » – ; et, surtout le mythe absurde de la « croissance naturelle » – à un taux de 100 % entre 2001 et 2009 –, une expansion démographique qui fait des colons, de très loin, la population la plus fertile au monde : les Américains ont tout avalé avec le sourire.

L'administration Obama semble déterminée à en finir avec cette farce futile et déshonorante. Le rapport Mitchell de mai 2001 est on ne peut plus clair : le gel total de toute construction dans les colonies, « croissance naturelle » comprise. C'est ce même Mitchell qui a repris aujourd'hui du service en tant que représentant personnel du Président dans la région.

*

Si je fais tant de cas des colonies, ce n'est pas parce que je pense que leur gel et, en fin de compte, le démantèlement de la plupart d'entre elles suffiront à eux seuls à apporter la paix dans notre malheureuse contrée. Je n'ignore pas que d'autres obstacles redoutables se dressent sur sa route : l'état de la société palestinienne, la montée en puissance de l'islamisme radical, le rapport de force régional et international, que sais-je encore ? Qui peut garantir que le sacrifice des implantations suffirait à les surmonter ?

Cependant, il est absurde de prétendre qu'il n'y contribuerait grandement. Il redonnerait de la vigueur à l'Autorité palestinienne, dont l'impuissance à endiguer la marée des toits rouges qui enrage les Palestiniens et obère l'avenir de leur État, l'a rendue ridicule aux yeux de ses propres citoyens. Il priverait le Hamas et ses alliés d'un de leurs principaux arguments. Et il aurait une influence immédiatement bénéfique sur un « processus de paix » ressuscité de ses cendres.

Il y a davantage. Même si par malheur il s'avérait que la paix était hors d'atteinte pour notre génération, l'arrêt de la colonisation resterait indispensable pour le bien-être, mieux, pour la survie de l'État d'Israël. Débarrassé de ce fardeau moral, économique et démographique, son État de droit raffermi, sa population libérée de l'alternative sinistre dans laquelle l'enferme à terme l'occupation – l'État binational ou l'Apartheid –, recouvrant une mesure de la sympathie dont les nations l'entouraient avant qu'il se soit mué en une puissance occupante et oppressive, Israël reviendrait à lui-même. Ainsi, si par malheur il devait, une fois de plus, se résigner à la guerre, il saurait au moins pourquoi.

AUJOURD'HUI, OU PEUT-ÊTRE JAMAIS

Les conditions de la paix au Proche-Orient sont connues. Elles l'ont été dans leur principe depuis trois quarts de siècle ; elles le sont désormais dans leurs grandes lignes, voire dans leurs moindres détails. Connues, et aussi largement admises. Il suffit de les traduire en un accord de paix en bonne et due forme.

Seulement voilà, au Proche-Orient se vérifie une fois de plus cette vieille loi de la politique : pour faire la guerre, il suffit de gouvernements faibles, car la paix unit les nations ; pour faire la paix, il faut des gouvernements forts, car la paix les divise. Or, chacun pour des raisons qui lui sont propres et dont nous avons passé en revue l'essentiel, les gouvernements, dont on attend qu'ils se mettent autour d'une table et concluent enfin la paix, sont désespérément faibles. De là le besoin impératif d'un tiers.

Cela aussi, on le savait. Ce qu'il faut intérioriser maintenant, c'est le véritable rôle de ce tiers providentiel.

Retour à la raison

La guerre des Six Jours vient de s'achever. Le coup de poker de Nasser a échoué et l'Égypte a perdu, en même temps que la totalité de son aviation, une bonne partie de son armée et son aura d'avant-garde du monde arabe, l'ensemble de la péninsule du Sinaï. Hussein de Jordanie, qui s'est laissé abuser et manipuler par le mégalomane du Caire, a perdu, lui, la Cisjordanie et la Vieille Ville de Jérusalem, péniblement acquises lors du premier conflit israélo-arabe de 1948 par son grand-père Abdallah. Au terme d'une campagne foudroyante, qui tient du miracle aux yeux de ses citoyens promis à un nouvel Holocauste, Israël se retrouve maître de territoires où vit l'essentiel de la population palestinienne, le cœur de l'État arabe prévu par la résolution des Nations unies vingt ans auparavant. Le miracle militaire va-t-il déboucher sur un miracle diplomatique ? Israël va-t-il réussir là où il avait échoué une décennie auparavant, dans la foulée de la campagne de Suez, et transformer l'exploit de ses armes en victoire politique ?

Nombreux sont les Israéliens qui y croient. Dans l'euphorie ambiante, un homme s'agite. David Kimché, agent du Mossad temporairement assigné aux Renseignements militaires sous les ordres du général Aharon Yariv – celui-là même, qui, au lendemain de la guerre du Kippour d'octobre 1973, négociera au kilomètre 101 l'armistice avec ses collègues égyptiens –, reçoit de son patron la mission de parcourir la Cisjordanie à la recherche d'interlocuteurs éventuels. Au cours de ses pérégrinations dans les territoires fraîchement occupés, le jeune officier, accompagné d'un camarade d'armes et ami, Dan Bavli, se rend chez Aziz Shehadeh, un avocat de Ramallah qui a représenté les réfugiés palestiniens à la conférence de Lausanne de 1949. Dans les années 1950, Shehadeh a connu les geôles jordaniennes et il ne cache pas sa haine du régime hachémite. Ce qu'il attend des Israéliens, c'est qu'ils saisissent la chance historique que leur offre le bouleversement géopolitique provoqué par la guerre pour favoriser la création d'un État palestinien dans les Territoires en une semaine et faire la paix avec lui dans les trois jours suivants. Il faut battre le fer tant qu'il est chaud, leur dit-il en substance, c'est maintenant qu'il faut agir, demain il sera trop tard… « Tout était vierge encore » se rappelle Kimché avec une pointe de nostalgie, « l'Organisation de libération de la Palestine était une créature neuve qui devait monter en puissance, la haine des Jordaniens était toujours brûlante et nous n'avions pas encore eu le temps de nous emparer des terres palestiniennes ».

Deux jours plus tard, les deux compères se retrouvent dans le vaste salon de la maison patricienne de Shehadeh, à Ramallah. L'avocat leur remet deux feuillets. Le premier contient les grandes lignes d'un plan visant à l'établissement d'un État palestinien. Proclamé par un Conseil national qui réunirait dans les sept jours des personnalités de la Rive occidentale (Cisjordanie) et de la Bande de Gaza, cet État s'étendrait sur le territoire prévu par la résolution 181 des Nations unies de novembre 1947. Le second feuillet est une liste de quarante-trois notables qui composerait le Conseil fondateur. Lorsque ses interlocuteurs lui expliquent qu'aucun Israélien n'acceptera jamais de revenir en deçà des lignes d'armistice issues de leur guerre d'Indépendance, Shehadeh rétorque que ce ne serait là que le point de départ d'une négociation qui devrait aboutir à un accord fondé sur les frontières d'avant la guerre des Six Jours.

Kimché et Bavli s'empressent de montrer les documents à leurs supérieurs hiérarchiques qui leur demandent de poursuivre leurs contacts. Deux jours plus tard, ils produisent leur propre plan pour ce qui sera connu bien plus tard comme la « solution des deux États ». Comme il est difficile de réinventer la roue, on ne finira d'en retrouver les principes dans tout ce que l'on a essayé, depuis les paramètres Clinton aux accords officieux de Genève en passant par Taba : un État palestinien souverain démilitarisé serait créé en Cisjordanie et dans la Bande de Gaza dans les frontières internationalement reconnues, avec des modifications mineures destinées à assurer la sécurité d'Israël. La Palestine serait admise à l'ONU et entretiendrait avec l'État d'Israël des relations étroites. Jérusalem serait annexée à Israël, mais les Lieux saints bénéficieraient d'un statut spécial et la partie arabe de la ville disposerait de ses propres structures municipales. La capitale de la Palestine serait établie aussi près que possible de Jérusalem. Un fonds monétaire international de plusieurs milliards de dollars serait affecté à la solution du problème des réfugiés, dont certains pourraient être relogés dans la région d'El-Arish, sur la côte méditerranéenne du Sinaï.

Shehadeh avait raison, il fallait faire vite, avant que la combinaison létale de l'euphorie israélienne et du ressentiment arabe ne submerge les bonnes volontés. Mais aucun des responsables politiques israéliens, le Premier ministre Lévi Eshkol et son ministre de la Défense Moshé Dayan en tête, ne daigna réagir. Censé faciliter les efforts de Kimché, nommé entre-temps par Yariv chef des opérations politiques en Cisjordanie, le gouverneur militaire du territoire, le général Haïm Herzog, futur président de l'État, était plus que sceptique, tandis que Abba Eban, le ministre des Affaires étrangères, et Shimon Pérès se montrèrent hostiles à toute solution qui ne passerait pas par « l'option jordanienne ». Bientôt, le 1er septembre, les chefs d'État arabes réunis à Khartoum devaient proclamer leurs trois fameux « non » : à la réconciliation avec Israël, à la reconnaissance d'Israël, à la négociation avec Israël. Bientôt, aussi, le Fatah allait rejoindre l'OLP et multiplier les attentats sanglants contre la population israélienne. Le plan de paix de David Kimché, jamais discuté dans les réunions du gouvernement de Jérusalem, était destiné à devenir une note infrapaginale dans les ouvrages d'histoire d'un conflit auquel, son auteur en est toujours convaincu, il aurait pu mettre fin.

Cette histoire refait régulièrement surface. Dan Bavli l'a racontée dans un livre paru en hébreu en 2002, *Rêves et occasions ratées, 1967-1973*, et Kimché lui-même, devenu dans les années 1980 le Directeur général du ministère des Affaires étrangères et une figure de l'establishment sécuritaire et diplomatique israélien, est longuement revenu dessus dans une conversation avec le journaliste Akiva Eldar publiée par le quotidien *Haaretz* (5 juin 2009). Si je la reprends ici, c'est parce qu'elle me paraît révélatrice, tout à la fois, du caractère inéluctable de la solution des deux États et d'un état d'esprit qui refuse de l'admettre.

Une terre, deux peuples. Dans une situation comme celle-ci, assurément peu courante, le partage n'est pas une option parmi d'autres, mais une évidence de bon sens. L'alternative du tout ou rien, qu'elle soit palestinienne ou israélienne, est sans doute satisfaisante pour l'esprit de ses promoteurs, car elle s'enracine dans le droit supposément absolu de la religion et de l'histoire. Mais les hommes ne vivent pas dans le droit absolu et le double impératif de la religion et de l'histoire bute inévitablement sur les dures réalités des rapports de force, voire de la morale commune. On peut débattre jusqu'à plus soif de l'antériorité des uns par rapport aux autres, de la Torah et du Coran, de la Terre promise de ceux-ci contre l'*Oumma* de ceux-là. Outre qu'aucune instance supérieure n'existe pour vider la querelle, une telle instance existerait-elle et les parties accepteraient-elles son verdict, que demeurerait à jamais ce fait têtu et incontournable : la coexistence forcée de ces deux peuples sur un mouchoir de poche, qui s'y accrochent parce qu'il est le leur et qu'ils n'ont nulle part où aller.

C'est ce constat qui a conduit tous ceux qui ont cerveau pour penser à imaginer la solution du partage – une idée qui vient d'atteindre tout de même l'âge respectable de 72 ans. Suggérée pour la première fois, on l'a vu, en juillet 1937 par la commission britannique venue en Palestine enquêter sur les causes de la grande révolte arabe, endossée par la communauté internationale dix ans plus tard, il lui a fallu plus d'un demi-siècle pour être plus ou moins acceptée par tous les acteurs du conflit, à l'exception des franges folles des deux mouvements nationaux concurrents.

Mais accepter l'idée du partage ne suffit pas. Encore faut-il savoir de quel partage il s'agit, et comment il convient de résoudre les autres aspects, non territoriaux, du conflit. En attendant d'en dessiner plus en détail les contours, contentons-nous d'en définir le principe : la frontière entre l'État d'Israël et l'État de Palestine à venir existe. Admise par l'ensemble de la communauté internationale comme, désormais, par les États de la Ligue arabe et par l'Autorité palestinienne, cette frontière coïncide avec la « Ligne verte » qui sépare, depuis les accords d'armistice de Rhodes consécutifs à la guerre d'Indépendance d'Israël, le territoire souverain de celui-ci des territoires palestiniens conquis lors de la guerre des Six Jours. Il reste à savoir comment et dans quelles conditions elle pourrait acquérir enfin le statut officiel qui lui manque encore. Et, surtout, par qui.

De l'extrême faiblesse des parties en présence

Dans une série d'entretiens qu'il a accordés à la presse israélienne et internationale avant de quitter la scène, Ehud Olmert a pris soin de dresser au bénéfice de la postérité l'inventaire de ses idées sur la manière dont il convient de mettre fin au conflit israélo-palestinien. En voici un résumé fidèle : inutile d'essayer de s'accrocher aux Territoires, leur rétrocession est inéluctable. Il faut donc se préparer à revenir aux frontières de 1967, avec des rectifications mineures et mutuellement admises. Diviser Jérusalem sera un crève-cœur, mais nous n'y échapperons pas. Ces sacrifices sont assurément douloureux, mais l'avenir même de l'État juif l'exige.

Il n'y a aucune raison de douter de la sincérité du Premier ministre, qui a d'ailleurs négocié sur ces bases avec son partenaire, Mahmoud Abbas. à la fin de l'été de 2008, alors même qu'un accord de coalition le liant au parti ultra-orthodoxe Shass stipulait qu'il lui était interdit de négocier le statut de Jérusalem, il franchissait cette ligne rouge en offrant aux Palestiniens l'internationalisation du périmètre des Lieux saints. Soustrait à toute souveraineté, le « Bassin sacré » serait administré par un comité conjoint où se retrouveraient à pied d'égalité Saoudiens, Jordaniens, Palestiniens, Israéliens et Américains (*Haaretz*, 23 juin 2009). C'était renoncer à la souveraineté israélienne sur le Mont du Temple et la Vieille Ville sauf le Quartier juif et le Mont des Oliviers. Pour l'ensemble de la Cisjordanie, Olmert suggérait de rétrocéder aux Palestiniens près de 94 % du territoire et de les compenser du reste par un territoire équivalent et un corridor entre la rive occidentale et la Bande de Gaza. Enfin, s'il a rejeté le « droit au retour » des réfugiés en Israël même, il s'est dit prêt à en admettre un petit nombre à titre humanitaire. De l'aveu de Saeb Erekat, le négociateur en chef pour la partie palestinienne, c'était là une offre intéressante, à laquelle son patron s'apprêtait à répondre positivement.

Et l'on se prend à rêver : si seulement Olmert avait été au pouvoir. Bien sûr, il était le Premier ministre d'Israël ; mais pas vraiment au pouvoir. Au moment des faits, comme Barak à l'époque de Taba, il était déjà démissionnaire et dirigeait un cabinet de transition. La guerre de Gaza, son départ et l'élection de Benjamin Netanyahou renvoyaient ses propositions au rayon bien fourni des occasions ratées.

Mais avait-il jamais été au pouvoir ? On a vu plus haut comment l'évolution de la société et de la classe politique censée la refléter condamnaient à l'impuissance une noria de gouvernements qui donne le tournis. Olmert lui-même était coincé entre Travaillistes et Orthodoxes dans une coalition branlante, ballotté au gré d'une interminable enquête policière, menacé au sein même de son parti par des partenaires qui n'ont cessé de guigner son fauteuil et malmené par la presse. Cet homme, dont la popularité a sombré au fil des mois dans des abîmes sans précédent, n'a jamais été qu'un handicapé politique.

Il est vrai que, même dans ces conditions, une personnalité d'exception eût peut-être été capable de bousculer le destin. Plutôt que de se perdre dans des calculs sans gloire, Olmert aurait pu conclure un accord avec Abbas, prendre l'opinion à témoin et le soumettre à référendum. Son pari réussi, il se serait hissé sur le podium des hommes faiseurs d'Histoire ; perdu, il lui aurait permis de quitter la scène la tête haute, en laissant derrière lui un legs incontournable.

Peut-être. Mais même de Gaulle a dû changer de régime pour régler l'affaire algérienne, et l'on oublie souvent qu'il lui a fallu encore quatre ans d'une guerre atroce pour y parvenir. Et Olmert n'est pas de Gaulle…

Netanyahou non plus, dont la situation n'est guère meilleure que celle de son prédécesseur. Médiocrement élu, il a cousu ensemble les morceaux disparates d'une coalition impossible, à la fois la plus enflée, la plus droitière et la plus grosse de contradictions de l'histoire du pays. Sa propre formation, le Likoud, est profondément divisée et d'ailleurs minoritaire au sein de la coalition. à sa « gauche », les restes pitoyables du Parti travailliste sont, eux aussi, divisés entre Barak et ses féaux d'une part, et un groupe de « rebelles » de l'autre, mal à l'aise dans la coalition comme sous la férule du chef, et le faisant bruyamment savoir. à sa droite, deux partis extrêmes, hostiles à la moindre concession, et dont l'un, Israël Beitenou, a imposé son maître absolu, Avigdor Lieberman, à la tête de la diplomatie israélienne. Drôle de ministre des Affaires étrangères qu'un ministre ostracisé dans le monde entier, et dont un chef d'État ami comme Nicolas Sarkozy demande explicitement la tête à un Netanyahou ébaubi et balbutiant. Certes, l'opposition n'a pas plus fière allure, son partenaire de référence, Kadima, n'étant qu'une collection improbable de tendances diverses dont le caractère centriste est dû moins à une idéologie cohérente qu'à la neutralisation réciproque des faucons et des colombes qui y cohabitent. Mais c'est une piètre consolation pour un Premier ministre dont, en admettant qu'il le désire, ce qui est loin d'être prouvé, on voit mal comment il pourrait négocier utilement un accord de paix à la tête d'une coalition comme la sienne.

Pour ceux qui ont attentivement lu son discours programmatique à l'Université Bar-Ilan qui était censé répondre au discours du Caire du président Obama, il est évident que son but n'était pas d'ouvrir un nouveau chapitre dans les relations entre Israël et ses voisins, mais de s'extirper, provisoirement, des rets américains tout en préservant ladite coalition. à ceux-là l'admission du bout des lèvres de la solution à deux États; à celle-ci des conditions qui en rendent la réalisation impossible. Aux premiers, l'assurance de sa volonté d'entamer sans tarder des négociations sans conditions; à la dernière, une longue série de préalables qui vident cette promesse de toute substance: la reconnaissance par les Palestiniens du caractère juif de l'État d'Israël, la démilitarisation totale de l'État palestinien à venir, l'occultation du problème des réfugiés, l'unité de Jérusalem sous souveraineté israélienne exclusive, la poursuite de la construction dans les colonies.

Netanyahou comprend parfaitement que si telles sont ces conditions de départ, il n'y aura pas de départ. Quelles que soient les bonnes ou les mauvaises raisons avancées par les Palestiniens pour refuser de reconnaître Israël comme le foyer national du peuple juif, ils ne sont pas tenus de le faire – il suffit en droit international qu'ils reconnaissent l'État d'Israël – et ce dernier n'en a pas besoin: le caractère de son foyer national ne dépend pas de ses interlocuteurs, amis ou adversaires, c'est même le sens du principe d'autodétermination. Le rejet sans nuance de toute prétention arabe sur Jérusalem est une gifle non seulement pour les Palestiniens, mais pour l'ensemble du monde musulman. Et, si les négociateurs palestiniens ont admis depuis belle lurette le principe de la démilitarisation de leur État comme le besoin de trouver une formule qui permette le règlement du problème qui satisfasse les Israéliens, en faire des préalables est inutilement humiliant et politiquement contre-productif. Mais Netanyahou ne cherche pas à faire la paix. Tout ce qu'il veut, c'est gagner du temps. Pourquoi faire ? Mystère. Après tout, il est impossible d'arrêter le temps. Tôt ou tard, il lui faudra bien déplacer l'axe de son discours vers la promesse ou vers les clauses qui la rendent sans objet. Mais sa faiblesse le prive de la capacité d'en décider par lui-même. En définitive, c'est un autre qui décidera pour lui.

On a eu un avant-goût lors de la constitution de sa coalition. Après tout, il aurait pu prononcer ces deux mots, « État palestinien », et avoir pour partenaire Tzipi Livni plutôt qu'Avigdor Lieberman. Ces deux mots, il aurait pu les prononcer aussi lors de sa première visite à Washington en tant que Premier ministre, en mai 2009, ce qui lui aurait évité l'humiliation d'avoir à s'y résoudre sous la pression de son puissant allié. Mais ainsi vont les choses en Israël : ce qu'on peut donner gracieusement, en transformant l'inévitable en choix délibéré, on finit par le donner le pistolet sur la tempe. C'est aussi une manière de faire de la politique…

Pour autant, Benyamin Netanyahou ne manque pas d'avantages. Son opportunisme le rend malléable, sa faiblesse politique disponible, sa position sur l'échiquier politique utile. à sa droite, excepté les franges extrêmes du camp national-religieux, il n'y a personne. Alors que, comme au temps de Rabin, les Travaillistes auraient affaire à lui. C'était vrai voici trente ans, lorsque Menahem Begin a rendu le Sinaï à l'Égypte contre une partie de son camp, mais avec les voix des Travaillistes, ce fut encore vrai au moment où Sharon a dû briser le Likoud pour accomplir son « désengagement » de la Bande de Gaza. Cela devrait se reproduire aujourd'hui. Que Netanyahou fasse ce qu'il doit, et il aura avec lui les trois quarts du peuple d'Israël.

Aussi bien, paradoxalement, l'accession de Netanyahou aux affaires offre aux Américains une marge de manœuvre appréciable. Par lui ou malgré lui, ils sont en position d'arracher la région aux affres de la guerre et d'imposer la paix. à condition qu'ils comprennent combien futile il serait de compter sur un changement d'équipe à Jérusalem. En Israël, la faiblesse n'est pas une question de personne, du moins pas seulement ; elle est inhérente à son système politique.

*

Il en va de même chez les Palestiniens. Sauf qu'en Israël, ce sont les gouvernements qui souffrent de débilité chronique, alors que chez les Palestiniens, c'est le régime. à la fin juillet 2009, un sixième épisode de l'interminable saga de la « réconciliation » palestinienne qui se joue au Caire sous la houlette du général Omar Suleyman, le patron des Renseignements égyptiens, s'est terminé en déconfiture. Cette fois, cela semblait pourtant bien parti.

Un plan convainquant était sur la table (*supra*), lequel bénéficiait d'un environnement favorable. Le discours de Barack Obama au Caire avait détendu l'atmosphère, Damas paraissait mieux disposé que jamais et les chefs politiques du Hamas, Khaled Meshal en tête, laissaient planer l'espoir d'un règlement. Mahmoud Abbas, soutenu par l'ensemble de la communauté internationale, États-Unis compris, comme jamais Arafat ne l'avait été, pouvait légitimement espérer la mise en place d'une trêve de longue durée entre le Hamas et Israël, la fin du blocus de Gaza et, surtout, des élections présidentielles et législatives dont les derniers sondages le donnaient, lui et le Fatah, largement gagnants.

C'est bien ce qui a convaincu l'aile militaire du Hamas qu'il était dans son intérêt de torpiller l'initiative égyptienne. En effet, sans même avoir à renoncer explicitement à ses présupposés idéologiques, l'engrenage dans lequel on cherchait à l'entraîner risquait de lui être fatal. Le comité conjoint censé gérer les fonds de la reconstruction du territoire allait rogner ses compétences, la force militaire arabe multinationale ne pouvait manquer d'affaiblir la sienne et, dans une atmosphère apaisée par l'arrivée des fonds de la reconstruction et la sécurité retrouvée, ses chances de gagner les élections prévues pour janvier 2010 paraissaient minces. Dans le jeu à somme nulle que jouent l'Autorité palestinienne et son frère ennemi de Gaza la survie de l'un passe par l'anéantissement de l'autre. L'unité palestinienne n'est pas pour demain.

Aussi bien, de la même manière qu'il est inutile d'attendre un changement de gouvernement à Jérusalem, il ne sert à rien de compter sur la constitution d'un gouvernement palestinien unitaire. La faiblesse des uns et des autres les pousse à se rabattre sur des prétextes pour ne pas négocier : l'incapacité de l'Autorité palestinienne à soumettre le Hamas à sa volonté pour les Israéliens, le refus des Israéliens de geler la colonisation pour l'Autorité palestinienne. Mais la vraie raison de ne pas négocier est qu'ils se savent impuissants à assumer les conséquences d'une vraie négociation.

Voilà pourquoi suivre anxieusement les développements internes des quasi-gouvernements de Jérusalem, Ramallah et Gaza est une perte de temps. Si le Président des États-Unis entend faire la paix au Proche-Orient, il lui faut s'y prendre autrement.

L'impératif catégorique de la « nation indispensable »

À première vue, de ces deux faiblesses, la plus grande est celle des Palestiniens. Soumis à la dure loi de l'occupation, colonisés, pauvres et divisés, ils n'ont, face à la puissance militaire et économique de leur adversaire que le pouvoir de nuisance de la tique face au taureau.

C'est une vue superficielle des rapports de force. Car le temps joue en faveur des Palestiniens. Le ghetto surarmé qui les domine, matérialisé désormais par une barrière hérissée de barbelés, est noyé dans un environnement inamical et mal vu par une opinion internationale de plus en plus impatiente face à ses agissements et travaillée par ses propres terreurs. Surtout, s'il n'y prend garde, il risque de sombrer corps et âme dans le trou qu'il s'est creusé lui-même.

En effet, mettre un terme à l'occupation des territoires palestiniens n'est pas qu'une question de morale élémentaire, dictée par les règles éthiques communes comme par une lecture humaniste des sources du judaïsme. Ce n'est pas non plus seulement rester fidèle à l'esprit originel du sionisme, son idéologie fondatrice qui aspirait à permettre au peuple juif de déterminer librement son destin sur un bout de terre dont, dans les mots d'un de ses premiers penseurs, « nous aurions la propriété et d'où nul étranger ne puisse nous chasser ». C'est aussi, tout simplement, la condition de sa survie. Que le grignotage des terres palestiniennes se poursuive, que demain il n'y ait plus de terre à partager pour créer une entité palestinienne indépendante, et alors Israël sera devenu *volens nolens* un État binational. Déjà, des voix palestiniennes autorisées, un Sari Nusseibeh par exemple, se font entendre pour en évoquer la possibilité. Pas de gaîté de cœur, on s'en doute. Mais parce que la perspective d'un État palestinien s'éloignant comme un mirage dans le désert au fur et à mesure qu'on semble s'en approcher, des hommes naguère engagés dans la quête de la souveraineté se demandent désormais s'il ne vaudrait pas mieux exiger des droits égaux dans un État unitaire, démocratique et relativement prospère que de courir après une chimère. Alors, comme il est peu probable que les citoyens d'Israël acceptent sans rechigner de devenir minoritaires dans leur propre pays, l'État naguère « juif » s'enfermera pour de bon dans l'alternative sinistre de l'Apartheid ou de la guerre civile.

La création d'un État palestinien est donc un intérêt national suprême israélien. Et, comme Israël ne semble pas être en mesure de se sauver lui-même, il faut, comme le suggérait voici plus de trente ans un diplomate américain de haut vol, le « sauver malgré lui » (George Ball, « How to Save Israel in Spite of Herself ? », *Foreign Affairs*, avril 1977). Cela ne peut être que du ressort des États-Unis.

Encore faut-il qu'ils veuillent et s'en donnent les moyens. Il importe pour cela non seulement qu'ils identifient correctement les données du problème et mettent au point un plan d'action cohérent. Cela est fait, ou en bonne voie. Il est d'abord nécessaire qu'ils rééquilibrent leur position dans la région. Ou, ce qui revient au même, qu'ils se fassent enfin une idée plus réaliste des véritables intérêts d'Israël.

*

Les États-Unis, la béquille dorée de l'État juif. Pas depuis toujours, comme on se l'imagine généralement, puisque la « relation spéciale » israélo-américaine ne date que de l'administration Johnson. On oublie souvent, en effet, qu'avant la guerre des Six Jours, c'est la France qui, à toutes fins utiles, remplissait le rôle d'allié unique de l'État hébreu, lequel entretenait avec Washington des relations en dents de scie. Ni tout le temps, puisque ladite « relation spéciale » a connu de brusques accès de tension. Ni même une relation formalisée, puisqu'elle n'a jamais été coulée dans un traité d'alliance en bonne et due forme, Israël étant le seul État qui, sans avoir opté pour la neutralité, n'appartient à aucune alliance régionale ou internationale. Mais enfin, pour l'essentiel, depuis quarante ans elle ne s'est jamais démentie, et Israël a toujours pu compter sur l'ami américain : aide économique et militaire généreuse, coordination sécuritaire et diplomatique exemplaire, soutien sans faille à l'ONU et dans ses agences spécialisées.

Les raisons de cette alliance de fait sont diverses : partenariat stratégique dans une région à haut risque où seul Israël est une démocratie stable, prospère et militairement crédible ; communauté de valeurs, voire une idéologie partagée, fondée sur la Bible et le mythe pionnier. Naturellement, la présence d'une forte communauté juive, bien intégrée dans la mosaïque nationale américaine et disposant d'institutions puissantes, a joué son rôle. Comme on le sait, peu de lobbies sont aussi influents au Capitole que l'AIPAC (*American Israel Public Affairs Committee*), le formidable groupe de pression pro-israélien aux plus de 100 000 adhérents.

Tout cela va-t-il jusqu'à faire d'Israël, à travers ses alliés au Congrès, le maître de la diplomatie américaine ? On l'a souvent prétendu. La charge la plus récente, et la plus acerbe, est venue de la plume de deux universitaires américains, John Mearsheimer et Stephen Walt, dans un livre récent : *Le Lobby pro-israélien et la politique étrangère américaine*[5]. Selon eux, la politique américaine au Proche-Orient serait dictée par le lobby pro-israélien, au détriment de leurs intérêts fondamentaux.

C'est une caricature. Si Washington a semblé suivre aussi fidèlement la politique de son minuscule allié proche-oriental, c'est parce qu'il y a trouvé son intérêt, ou parce qu'il a cru y trouver son intérêt. Que dans la définition de cet intérêt se mêlent des considérations qui n'ont rien à voir avec la realpolitik et qui étonnent, voire agacent les Européens, c'est un fait. Mais c'est ainsi, et seuls les faux réalistes s'imaginent que les relations internationales sont fondées uniquement sur une appréciation froidement objective des rapports de force. Parfois, comme au temps du tandem Nixon-Kissinger ou de celui, de sinistre mémoire pour la droite israélienne, que formait George Bush père avec le secrétaire d'État James Baker, il lui arrive de bousculer son remuant protégé. Cependant, dans toute caricature il y a un noyau de vérité. Aussi bien, à l'image de l'AIPAC lui-même, devenu un outil d'influence au profit non pas d'Israël, mais de la droite israélienne, les administrations américaines qui se sont succédé depuis la défaite de Bush – que certains n'hésitent pas à attribuer précisément au tour de vis qu'il avait donné au gouvernement Shamir –, se sont peu ou prou alignées sur les positions de Jérusalem.

---

5 John MEARSHEIMER et Stephen M. WALT, *Le Lobby pro-israélien et la politique étrangère américaine*, Paris, La Découverte en Poche, coll. Essais, n° 295, 2009.

Pour Israël, le bilan de cette attitude est à la fois positif et catastrophique. Positif dans la mesure où elle a contribué à planter dans la conscience arabe l'existence de l'État juif comme une réalité inébranlable, jusqu'à s'inquiéter des moyens de trouver un *modus vivendi acceptable* avec lui, voire, on l'a vu, d'en faire un partenaire stratégique. Catastrophique, puisqu'elle a conforté Jérusalem dans l'idée qu'elle pouvait se permettre de poursuivre à l'infini le *statu quo* absurde dans lequel elle se complaît. Pour les États-Unis, enfin, le prix aura été simplement la perte de leur statut d'« honnête courtier » et, partant, d'une bonne partie de leur capital d'influence au Proche-Orient.

Les uns et les autres savent pourtant que seule l'Amérique, la « nation indispensable » (Madeleine Albright), compte vraiment. Les autres membres du Quartet peuvent à la rigueur l'aider, non s'y substituer. Pris un à un, les États européens ne peuvent, ensemble ne veulent. Aussi l'Europe est-elle réduite au double et frustrant rôle de figurant et de tiroir-caisse. Les Nations unies sont un idéal, non une réalité (Hubert Védrine). Phénomène acoustique plutôt que politique, l'ONU sert tantôt de caisse de résonance et tantôt de caisse d'enregistrement, en fonction des rapports de force des membres permanents du Conseil de sécurité. Quant à la Russie, elle n'est plus le super grand de naguère. Mais même du temps où l'Union soviétique faisait encore illusion, elle n'avait de toute façon qu'une capacité d'influence limitée : elle pouvait, de concert avec Washington, peser sur l'issue d'un embrasement comme en 1957, après la campagne de Suez, ou pousser à la guerre comme à la veille de la guerre des Six Jours, ou encore, toujours avec les Américains, régler l'intensité du conflit comme lors de la guerre du Kippour ; l'eût-elle voulu, elle ne pouvait pas imposer la paix. C'est encore plus vrai aujourd'hui. Il reste les États-Unis.

Bien sûr, l'Amérique n'est plus « l'hyperpuissance » de jadis. à la faveur d'une guerre de trop, Atlas s'est aperçu qu'il ne pouvait porter tout seul le fardeau du monde. Mais elle reste la puissance dominante, la seule capable d'intervenir simultanément sur plusieurs théâtres d'opérations. Surtout, au Proche-Orient plus qu'ailleurs, elle a développé une capacité unique de parler efficacement aux deux parties et de peser sur leurs orientations. « Honnête courtier » aux intérêts stratégiques globaux, dont la crédibilité reposait sur un modèle de civilisation envié, ne fût-ce que dans le secret des cœurs, et une puissance économique et militaire inégalée, elle a su imposer des plans de « désengagement des forces » dans le Sinaï et sur le Golan après la guerre du Kippour, créer des conditions favorables aux traités de paix entre Israël et l'Égypte, Israël et la Jordanie, et parrainer le long et tortueux « processus de paix » israélo-palestinien.

Barak Obama s'en est souvenu, semble-t-il.

*

Il est parvenu au pouvoir avec un capital de sympathie exceptionnel mais dans des conditions dramatiques : une crise financière et économique qui remet en question le modèle américain ; deux conflits sanglants, en Irak et en

Afghanistan, dont les ramifications régionales font de l'ensemble du « grand Moyen-Orient » un foyer de tensions aux potentialités déstabilisatrices incalculables ; un double et angoissant défi nucléaire, nord-coréen et iranien ; et une nébuleuse terroriste internationale loin d'avoir désarmé. La tentation était grande de se concentrer sur le sauvetage de l'économie nationale et les conflits à haute intensité, en repoussant à des temps meilleurs le règlement improbable du conflit du Proche-Orient, conflit « à basse intensité », lui, et réputé insoluble de toute façon.

Obama n'y a pas succombé. Il a compris que dans le monde interconnecté qui est le nôtre, il serait vain d'isoler un foyer de tensions parmi d'autres, d'autant que la charge symbolique et émotionnelle de celui-ci pèse d'un poids déterminant sur tous les autres. Et, en tirant les enseignements qu'il fallait des erreurs de ses prédécesseurs, il s'est appliqué à en prendre le contre-pied. Il n'a pas attendu les derniers mois de son second mandat pour s'attaquer au problème, mais l'a pris à bras-le-corps dès le début du premier. Il a saisi la dimension psychologique des relations entre son pays et le monde arabo-musulman et, dans une série de gestes significatifs, il s'est employé à reconstituer le statut des États-Unis comme « honnête courtier ». C'est ainsi que son premier coup de téléphone fut pour Mahmoud Abbas, que le premier chef d'État de la région à avoir été invité à la Maison-Blanche fut Abdallah de Jordanie, qu'il a réservé à la chaîne de télévision globale Al-Arabiya sa première interview sur sa politique arabe, que, en se rendant en Europe, il a visité

Riyad et Le Caire mais a fait l'impasse sur Jérusalem. Que, surtout, il a choisi l'Université du Caire pour y prononcer un discours fondateur qui a redessiné l'image d'une Amérique amicale, ouverte et respectueuse d'autrui, moins donneuse de leçons que désireuse à jeter des ponts. Au rebours des traditions partisanes américaines, et certainement de son immédiat prédécesseur, c'est lui, le Démocrate, qui a renoué avec le réalisme des relations internationales, en faisant de la souveraineté nationale un principe quasi intangible et en renonçant à imposer, au besoin par la force, le modèle occidental de la démocratie libérale. Mais, comme le montre la série de ses quatre grands discours programmatiques – Prague, Le Caire, Moscou, Accra –, son réalisme est teinté d'idéalisme et procède d'un système de valeurs hautement revendiqué. C'est d'excellent augure : la marque des hommes d'État d'envergure est bien ce mélange de vision et de pragmatisme, seul en mesure de laisser une griffe sur le visage de leur temps.

Enfin, il a correctement identifié la colonisation comme la pierre d'achoppement de toute avancée du « processus de paix » et en a exigé l'arrêt absolu, à la fois pour lever un obstacle de taille et comme prétexte pour prouver au monde arabe qu'il entendait sérieusement rééquilibrer la position américaine dans la région.

C'est ainsi, je crois, qu'il faut comprendre l'insistance de son administration sur cette question des colonies, au mépris des « arrangements » peu glorieux auxquels le gouvernement de Jérusalem est parvenu en catimini avec l'administration Bush sur la « croissance naturelle » et les colonies dites « sauvages » (*outposts*) à démanteler. Le compromis laborieusement mis au point par la secrétaire d'État Condoleezza Rice et Dov Weissglas, le principal conseiller d'Ariel Sharon, prévoyait l'évacuation des vingt-six colonies sauvages, établies après l'entrée en fonction de Sharon, en mars 2001 ; Obama exige l'évacuation de la centaine qui émaillent les territoires. Encore une fois, ce qui est nouveau dans cette démarche n'est pas tant l'hostilité de principe à l'entreprise de colonisation, dont les Américains, on l'a vu, ne se sont jamais départis depuis ses débuts, mais la volonté d'y mettre fin. Il est significatif qu'il n'ait pas craint de se mettre à dos la communauté juive américaine, d'ailleurs moins attachée aux colonies qu'inquiète de « l'unilatéralisme » des pressions exercées par la Maison-Blanche. Ainsi, le 13 juillet, il expliquait à ses dirigeants, lors de leur première rencontre depuis son élection, qu'Israël ferait bien de se livrer enfin à une véritable « introspection » (*self-reflection*) et qu'il était grand temps de parler « ouvertement et honnêtement » avec ce « véritable ami des États-Unis » qu'était Israël, comme il l'avait d'ailleurs fait avec les Arabes dans son discours du Caire. Il s'agit, au fond, de mettre enfin d'accord les principes et la volonté de les mettre en œuvre.

Ce n'est qu'un début. *Outposts* et « croissance naturelle » ne sont après tout que des noms de code de l'occupation des Territoires. Ils illustrent et résument un problème dont la solution les dépasse, mais dont la signification est claire pour tout le monde : qu'Israël lâche là-dessus, et il lâchera sur tout le reste. En effet, la distinction entre colonies « illégales » et « légales » est une illusion israélienne : aux yeux du monde entier, Américains compris, c'est l'ensemble de la colonisation qui est illégale, les colonies « sauvages » n'étant que les avant-postes de la vaste entreprise de dépossession des Palestiniens engagée dès après la guerre des Six Jours.

Cependant, Barack Obama n'est pas un émule du général de Gaulle ; pour lui, rééquilibrage ne signifie pas renversement d'alliances. C'est au Caire, un des hauts lieux de l'antisémitisme arabo-musulman, qu'il s'est élevé en termes solennels contre le négationnisme, a affirmé le « lien indestructible » des États-Unis avec Israël et exigé des adversaires de l'État juif la reconnaissance à laquelle il a droit. Et, en échange de l'arrêt total de la colonisation, et pour le faciliter, il demande aux États arabes d'entamer un processus de normalisation avec Jérusalem avant même la conclusion d'un accord de paix en bonne et due forme.

Pour le gouvernement de Jérusalem, le réveil est brutal. Le choc est d'autant plus grand qu'il survient après un long sommeil qui a anesthésié son sens des réalités et qu'il le place devant un choix douloureux : résister à Obama ou résister aux colons. Mais est-ce véritablement un choix ? En fait, il est temps de comprendre qu'aucun gouvernement israélien, quel qu'il soit, ne peut se permettre de se priver du seul allié de poids dont il dispose de par le vaste monde. Rester seul avec la Micronésie et la Papouasie Nouvelle-Guinée, ses deux autres alliés indéfectibles, n'est pas vraiment une option. Certes, Israël n'est pas une colonie américaine, et même les États-Unis seraient impuissants à obtenir de lui qu'il se soumît à un diktat susceptible de mettre en danger son existence. Mais personne ne lui demandera cela. Ce qu'on lui demande, c'est de mettre sa politique en conformité avec le droit international et, ce qui est plus important, avec ses propres intérêts fondamentaux. Il serait bon qu'il s'y résolût par lui-même ; s'il s'en avère incapable, il faudra l'y pousser, aussi gentiment que possible. C'est la tâche historique des États-Unis d'Obama.

Être un « honnête courtier », c'est être l'ami des deux parties. C'est à cette condition que la « nation indispensable » pourra remplir cette tâche historique et imposer enfin la paix au Proche-Orient. On sait désormais comment.

Sept principes d'action pour faire (enfin) la paix

Dès après l'effondrement du « processus de paix » dans le fiasco de Camp David et la violence insensée de la deuxième Intifada, un petit groupe de personnalités israéliennes mêlées de près ou de moins près aux négociations s'est réuni pour peaufiner ce qu'elles ont appelé « Un plan d'action pour une paix globale au Proche-Orient ». Atterrés par le naufrage des négociations et par la tournure brutale et idiote que prenaient les événements, ces hommes de bonne volonté étaient plus que jamais convaincus qu'il n'y avait pas de solution militaire à ce conflit, et que la paix restait sa seule issue raisonnable.

Forts de leur expérience d'acteurs ou d'observateurs engagés, ils ont fondé leur réflexion sur trois principes.

Le principe d'égalité : *un plan de paix qui a quelque chance de réussir ne connaît ni vainqueur ni vaincu, ne sanctionne pas les comportements des uns et des autres, ne récompense ni ne punit aucune des parties. La paix sera leur récompense commune ; la poursuite du conflit, leur malheur partagé.*

Le principe de réalité : *un plan de paix qui a quelque chance de réussir ne doit pas chercher à remplacer les différents modèles d'un règlement final, officiels ou officieux, négociés ces dernières années, mais de montrer la voie susceptible de mener à leur réalisation. En effet, depuis Oslo jusqu'à Annapolis en passant par la « feuille de route », toutes les tentatives de régler le problème israélo-palestinien ont buté moins sur les éléments de l'accord que sur les moyens d'y parvenir. Il en va de même de l'initiative saoudienne de 2002, devenue depuis la politique officielle de l'ensemble du monde arabe, et dont la communauté internationale, Israël compris, a reconnu le caractère novateur et positif. Aussi bien, un plan de paix qui a quelque chance de réussir doit s'inscrire résolument dans le sillage de l'initiative saoudienne dont il est un outil de mise en œuvre.*

Et le principe d'utilité : *Israéliens et Palestiniens n'ont pas besoin d'un règlement imposé, c'est à eux qu'il appartient de négocier un traité de paix en bonne et due forme. Ce qu'il leur faut est un cadre politique, psychologique et sécuritaire réaliste qui permette aux parties d'échapper à leur face-à-face stérile – un carcan diplomatique qui les force à négocier utilement.*

Ce texte a fait son bonhomme de chemin. Il a été débattu dans les chancelleries et, à notre connaissance, a même atterri sur le bureau ovale du temps de son précédent occupant. À l'époque où il a été conçu, son approche, fondée sur le constat de l'incapacité des parties livrées à elles-mêmes de parvenir à une solution négociée, était novatrice. Depuis, les principes qui le guidaient se sont retrouvés dans nombre de documents, parfois remarquables[6]*. En diplomatie comme dans d'autres domaines de la gestion des affaires des hommes, il est difficile de réinventer la roue.*

Le temps de le livrer in extenso *à la connaissance du public n'est pas encore venu. En attendant, en voici les grandes lignes. En effet, il me semble que ce qu'il a perdu en originalité, il l'a gagné en pertinence et, surtout, en actualité.*

*

Deux commentaires liminaires d'ordre général d'abord, qui concernent un « processus de paix » en lambeaux dont il faut dresser sans tarder l'acte de décès. Comme nous l'avons vu, l'une de ses principales faiblesses réside dans le conditionnement des actions des uns et

---

[6] Dont le désormais célèbre mémorandum signé par neuf anciens responsables américains de premier plan et publié par le U.S./Middle East Project, un texte qui semble heureusement inspirer la politique proche-orientale de l'administration Obama : *A Last Chance For A Two-State Israel-Palestine Agreement. A Bipartisan Statement on US Middle East Peacemaking*, par Zbigniew Brzezinski, Chuck Hagel, Lee H. Hamilton, Carla Hills Nancy Kassebaum-Baker, Thomas R. Pickering, Brent Scowcroft, Theodore C. Sorensen, Paul A. Volcker, James D. Wolfensohn (www.usmep.us).
Ce document a été endossé par vingt et une personnalités européennes dans un article paru le 23 juin dans *The Irish Times* et intitulé « Obama needs Europe's help to pursue Middle East peace effort » : Alain Juppé, Chris Patten, Clare Short, Erkki Tuomioja, Helmut Schmidt, Hubert Védrine, Jorge Sampaïo, Lena Hjelm-Wallén, Lionel Jospin, Louis Michel, Mary Robinson, Massimo d'Alema, Michel Rocard, Richard von Weiszäcker, Romano Prodi, Simone Veil, Vaira Vike-Freiberga, Teresa Patrício Gouveia, Jean François-Poncet, Felipe Gonzalez, Peter Sutherland.

des autres, qui, censé enclencher un cercle vertueux, a enclenché d'emblée un cercle vicieux. Dans sa version actuelle, le gel des colonies par Israël est censé inciter l'Autorité palestinienne à ouvrir des négociations, où l'on discuterait de tout, à condition toutefois que ladite Autorité palestinienne réussisse à rétablir son… autorité sur la Bande de Gaza, ce qu'elle ne saurait faire avant que la Syrie ne mette au pas le Hamas, ce qui présuppose un début de négociation sérieuse entre Jérusalem et Damas, etc. C'est ainsi qu'on tourne en rond depuis près de vingt ans.

Il est temps de briser ce cycle absurde. Les devoirs des parties découlent du droit international et de la logique des négociations de paix. Ils sont donc inconditionnels, ne dépendent en rien de la manière dont l'adversaire a rempli ses propres obligations et, s'il importe d'aider les parties pour leur faciliter la tâche, elles ne méritent ni récompense ni compensation pour prix de leur tardive bonne conduite. Surtout, il faut agir de concert sur tous les aspects et les théâtres du conflit afin d'empêcher que la moindre faille n'entraîne l'écroulement de l'ensemble de l'édifice. En effet, la méthode du conditionnement infini a conduit à remettre les clés de la paix ou de la guerre aux fous de Dieu et adorateurs de la Terre des deux côtés.

Le second commentaire général concerne une pratique surréaliste, encore que profondément ancrée dans le « processus de paix »: la négociation entre Américains et Israéliens sur des biens qui ne leur appartiennent pas.

Tellement fortes sont les (mauvaises) habitudes que, à l'heure où j'écris ces lignes, même l'administration Obama est tombée dans cette chausse-trappe. Israël pourrait-il continuer à bâtir dans les colonies, oh ! un petit peu, juste pour achever un certain nombre d'immeubles dont l'arrêt constituerait, paraît-il, un empêchement légal majeur ? On croit rêver. Un empêchement légal ? Mais toute l'affaire est illégale, de bout en bout ! Rappelons donc cette évidence : un principe ne se discute pas, seule son application est sujette à débat, et cela uniquement entre les parties concernées. On objectera, des deux côtés, que la déclaration Balfour, déjà, offrait au peuple juif un foyer national sur une terre qui n'appartenait point à son rédacteur. N'en déplaise aux esprits férus d'histoire et victimes de l'illusion calamiteuse du tout ou rien, cela n'a rien à voir. La nécessité impérieuse d'un foyer national pour le peuple juif sur la terre qui l'a vu naître a été reconnue par la communauté internationale et entérinée par les Nations unies. On ne sache pas que la colonisation des Territoires occupés ait jamais bénéficié du même traitement.

Avec cela à l'esprit, on peut aborder maintenant les sept principes d'action pour une paix globale au Proche-Orient :

1. Proclamation immédiate de l'État palestinien. Généralement, la création de l'État palestinien est envisagée comme le résultat de la négociation. Il faut inverser l'ordre des priorités. En proclamant d'emblée la souveraineté d'un État de Palestine aussitôt reconnu par Israël et l'ensemble de la communauté internationale et admis aux Nations unies, on bouleverse les données du conflit telles qu'elles perdurent depuis la création de l'État d'Israël, ne fût-ce qu'en résolvant en droit un problème de taille : le déséquilibre inhérent à une négociation entre un État souverain et une entité juridique floue. Psychologiquement, en effet, le renversement de l'ordre des priorités provoquerait le choc nécessaire en mettant les parties à égalité – une égalité certes formelle, mais importante par cela même. Politiquement, cette méthode permettrait au gouvernement légal de la Palestine de faire appel, en toute souveraineté à la force d'assistance et de stabilisation civile et militaire sans laquelle tout traité de paix restera lettre morte. Juridiquement, elle rendrait *ipso facto* illégale l'occupation au regard de la Charte des Nations unies. L'idée, semble-t-il, fait son chemin, puisqu'elle vient d'être proposée, le samedi 11 juillet, par un diplomate aussi prudent que Javier Solana, le haut représentant de l'Union européenne pour la politique étrangère.

Les principales difficultés résident dans le caractère provisoire des frontières de cet État, dont les Palestiniens craignent légitimement la pérennisation, et, tout État souverain ayant besoin de frontières reconnues, dans leur délimitation. La première difficulté doit être résolue par un calendrier rigoureux et des garanties internationales fermes – fournies, par exemple, par les membres du Quartet (États-Unis, Union européenne, Russie, ONU), Israël, l'Égypte, la Jordanie et l'Arabie saoudite. La seconde n'en est pas vraiment une si la première est surmontée, puisque tout découpage, provisoire par définition, fera l'affaire. Les accords d'Oslo en offrent un modèle, d'autres sont envisageables.

2. *Création d'une* task force *internationale, militaire et civile*. Mise sur pied par le Quartet sur la base d'une résolution du Conseil de sécurité des Nations unies, à la demande formelle du gouvernement légitime de l'État palestinien, et composée d'unités placées sous commandement de l'OTAN, elle sera chargée de l'aider à mener à bien ses tâches de reconstruction et de réforme des structures du pouvoir avec pour objectif la création d'un État de droit digne de ce nom. Son mandat sera limité dans le temps, par exemple à trois ou cinq ans.

Mais la négociation entre Israël et la Palestine sur le traité de paix définitif s'engagera impérativement aussitôt après son entrée en fonction et sera conclue avant l'expiration de son mandat. Sur les lignes suivantes :

3. *Le problème territorial* est largement résolu, si l'on veut bien admettre qu'il ne faut pas indéfiniment reprendre la négociation *ab ovo*. L'annexion des gros blocs de colonies le long de la Ligne verte est pratiquement acquise, comme l'est la rétrocession d'une superficie équivalente prélevée sur le territoire souverain d'Israël. La négociation sur le tracé définitif des frontières prendra pour base les « paramètres » du président Clinton, qui ont recueilli l'assentiment des deux parties. Les modifications de frontières nécessaires seront fondées sur un échange territorial mutuellement consenti, sur la base du précédent établi par le traité de paix entre Israël et la Jordanie, et

répondront aux besoins légitimes de sécurité, de contiguïté territoriale et de cohérence démographiques des deux parties.

4. Autrement épineux est *le problème de Jérusalem*, la principale pomme de discorde entre les parties. Outre l'impératif universellement admis du respect de la liberté religieuse et du libre accès des fidèles de toutes confessions aux lieux saints de Jérusalem, mais qui restera une vue de l'esprit aussi longtemps qu'il ne sera pas garanti par un règlement global, on retiendra trois principes fondamentaux : l'indivisibilité physique de la ville ; sa division fonctionnelle en deux capitales, Jérusalem et al-Quds, selon la règle : « ce qui est juif à Israël, ce qui est arabe à la Palestine » ; et le transfert de la souveraineté sur le « Bassin sacré », notamment l'Esplanade du Temple/Haram el-Sharif, à un tiers islamique.

Bien entendu, la mise en œuvre de ces principes est impuissante à « résoudre » le problème de Jérusalem. Dans la vie des individus comme des collectivités, il est des situations qui ne trouvent jamais de solution satisfaisante. C'est ainsi, et il faudra apprendre à vivre avec des solutions imparfaites. Les symboles ayant l'importance que l'on sait, surtout à Jérusalem, l'appellation de la même ville capitale par deux noms différents est susceptible de remplir un rôle considérable dans l'apaisement des esprits.

5. *Le problème des réfugiés palestiniens* est, avec Jérusalem, la principale pierre d'achoppement de toute tentative d'aboutir à un accord. Les différentes solutions

envisageables, que l'on retrouve d'ailleurs dans tous les projets d'accord imaginés jusqu'ici, sont connues et largement admises. Dans son aspect territorial, le problème des réfugiés sera résolu par l'immigration en Palestine, par l'intégration dans leurs pays de résidence et par l'émigration vers des pays tiers, le choix de la solution étant laissé aux réfugiés eux-mêmes. Dans son aspect financier, par un fonds international destiné à la compensation personnelle et à l'aide collective aux réfugiés et à leurs descendants, ainsi qu'aux pays hôtes.

Reste la dimension idéologique, voire psychologique du problème, le « droit au retour » s'étant solidifié au cours des décennies en un véritable dogme national. Pour le résoudre une formule originale dite « du double droit au retour » – celui des réfugiés palestiniens dans l'État de Palestine, celui des Juifs dans le territoire souverain de l'État d'Israël –, a été imaginé.

Là encore, « résoudre » n'est peut-être pas le vocable approprié. C'est de la sémantique, bien sûr, mais il arrive que la sémantique puisse concilier tant soit peu des positions antinomiques : en l'occurrence, la revendication idéologique et sentimentale des Palestiniens, qui s'est chargée au fil des ans d'un contenu quasi magique ; et son rejet par les Israéliens, qui y voient, à juste titre, la condamnation de leur projet national. Mais l'intérêt d'Israël n'est pas seul en jeu. En effet, on ne crée pas un État pour établir ses ressortissants en masse sur le territoire de l'État voisin. Comment se fait-il que les dirigeants palestiniens ne voient pas quel terrible échec ce serait si les réfugiés optaient en masse pour la citoyenneté israélienne ? Les gouvernements de Jérusalem ont toujours fait des efforts désespérés pour convaincre les Juifs du monde entier de renoncer aux « pots de viande » de l'exil et de devenir citoyens de « leur » État. Au nom de quelle logique nationale la Palestine ne se munirait-elle pas de sa propre « loi du retour » ?

6. Sur *la nature de l'État palestinien* à venir, il ne devrait pas y avoir d'ambiguïté : c'est bien un État pleinement souverain qu'il s'agit de créer, bénéficiant de tous les attributs et symboles d'une souveraineté pleine et entière. Aussi bien, les limitations que Benyamin Netanyahou a prétendu lui imposer dans son discours de Bar-Ilan – pas d'armée, pas de droit à signer des accords avec des pays tiers, pas de contrôle sur son propre espace aérien et ses propres frontières – sont grotesques. Un tel animal n'existe tout bonnement pas dans la jungle des États-nations. à moins de créer une sorte de Bantoustan proche-oriental. Mais en admettant même que les Palestiniens s'en contentent, que fera Israël le jour où ils décideront de passer outre à telle clause limitative ou à telle autre ? Envahira-t-il son voisin pour le forcer à reculer ?

7. Cela ne signifie pas, bien entendu, qu'il faille prendre à la légère la question, bien réelle en même temps que psychologiquement chargée, de *la sécurité de l'État d'Israël*. Voilà pourquoi le plan prévoit, comme tous les autres d'ailleurs, la démilitarisation de l'État palestinien. Des précédents existent, soit par décision unilatérale comme le Costa Rica, soit en vertu d'accords entre États

souverains, comme ceux qui régissent les relations frontalières entre Israël et l'Égypte. Cela n'a rien d'une atteinte à leur souveraineté, à condition de ne pas en faire un préalable humiliant. Les négociateurs palestiniens en ont d'ailleurs admis le principe. Je me souviens avoir entendu cette phrase de la bouche de Marwan Barghouti, le grand manitou de la seconde Intifada et le plus célèbre des détenus palestiniens en Israël, lors d'une des nombreuses négociations parallèles qui ont émaillé le « processus de paix » : « Nous aurons besoin de quelques chars pour notre fête de l'Indépendance. »

En définitive, la sécurité de l'État juif face à son voisin palestinien sera assurée moins par l'incapacité de ce dernier à lui porter ombrage que par sa propre capacité de dissuasion. Et, face à un monde arabe dont nul ne peut aujourd'hui prévoir l'évolution, par de solides garanties internationales et, surtout, américaines. Celles-la pourraient prendre la forme d'une intégration d'Israël dans l'OTAN ; celles-ci, d'une alliance militaire formelle. Les deux auront un prix, à n'en pas douter, qu'Israël devra payer en termes de liberté de manœuvre militaire et diplomatique. Mais ce sera le prix ultime de sa sécurité et, partant, de la confiance de ses citoyens en la paix et de leur disponibilité à faire les sacrifices nécessaires pour y accéder.

Du moins à court terme. Dans l'avenir, la sécurité des Israéliens sera, du moins il faut l'espérer, l'affaire des « armes de la paix » chères à Samuel Pisar : des habitudes de bon voisinage, l'imbrication des économies, le commerce et le tourisme.

8. Si notre plan prévoit la signature de traités de paix avec l'ensemble des pays arabes comme la suite logique de l'accord entre Israël et les Palestiniens et dans l'esprit de l'initiative saoudienne, il ignore la question spécifique de la paix avec la Syrie. La raison en est simple : par rapport au sac d'embrouilles israélo-palestinien, l'affaire syrienne est d'une simplicité biblique. Israéliens et Syriens en connaissent le prix exact, la rétrocession du plateau du Golan pour les premiers, la normalisation des relations avec Israël et l'abandon de l'axe Téhéran-Damas-Hezbollah-Hamas pour les seconds. On a bien mis au jour là-haut d'anciennes synagogues du temps des Hasmonéens, et Flavius Josèphe raconte dans sa *Guerre des Juifs* l'épopée tragique de ce haut lieu de la lutte contre les Romains qu'est la forteresse de Gamla, une sorte de Massada-sur-le-Golan. Mais dans l'imaginaire juif, le Golan n'a pas le poids historique et religieux de la « Judée-Samarie », et sa petite population juive – une vingtaine de milliers de colons, soit un peu plus que les Druzes qui y habitent – est plutôt proche des Travaillistes et davantage attachée aux grands espaces et à la qualité du vin qu'on y produit qu'aux mythes des origines. Aussi l'annexion formelle en 1981 a-t-elle obéi à des considérations purement stratégiques : la position de ce plateau basaltique de 1 250 km^2, qui domine la vallée de Jezréel à l'Ouest et commande l'accès à Damas l'Est ; et l'eau, puisque le lac de Tibériade, alimenté par des sources situées sur le plateau, fournit près du tiers des réserves d'eau douce dont dispose Israël.

À première vue, l'absence de surdéterminant idéologique et le caractère de la colonisation du territoire devraient en rendre la rétrocession infiniment plus aisée que celle de la Cisjordanie. En fait, c'est précisément ce qui a fait du Golan une terre plus consensuelle, et nombreux sont les Israéliens qui se montrent conciliants sur la « Judée-Samarie » mais irrédentistes sur le Golan. Pour la plupart d'entre eux, en effet, là où il n'y a pas de population occupée, ou si peu, il n'y a pas à proprement parler d'occupation. Le territoire est un atout stratégique majeur, trop précieux pour être abandonné au profit d'un traité de paix avec un régime brutal à l'avenir incertain. Enfin, pourquoi rendre le plateau alors même que la frontière avec la Syrie est parfaitement calme et que les Syriens n'ont manifestement pas les moyens de le récupérer par la force ?

Il n'empêche, depuis Yitzhak Rabin jusqu'à Benyamin Netanyahou lors de son premier mandat, cinq Premiers ministres d'Israël ont admis le principe de la rétrocession de ce territoire et négocié avec Assad père sur cette base – le quatrième, Ehud Barak, on l'a vu, s'est noyé dans le lac de Tibériade à une brassée de la rive promise –, et Assad fils ne cesse de dire à qui veut bien l'entendre qu'il est prêt à reprendre le fil de la négociation là où il a été interrompu.

Rabin avait même confié, en août 1993, une lettre au secrétaire d'État Warren Christopher par laquelle il s'engageait à un retrait total du Golan en échange d'une paix formelle et des garanties de sécurité. Le raïs syrien ayant exigé d'Israël la promesse de quitter la totalité du territoire comme préalable à toute négociation, Rabin et

Christopher avaient imaginé cette technique inédite pour contourner l'obstacle. Certes, ce texte n'était pas juridiquement contraignant, ce que Christopher devait admettre trois ans plus tard en le renvoyant à Netanyahou, devenu entre-temps Premier ministre, en réponse à une demande de ce dernier. Mais ce n'est pas d'arguties juridiques qu'il est question ici, mais de réalités politiques et diplomatiques. La signification de l'engagement de Rabin, explicitement ou implicitement endossé par tous ses successeurs à l'exception de Sharon, est l'admission d'une évidence de bon sens : on peut décider que, comme le proclamait un de ces autocollants que les Israéliens adorent arborer sur la lunette arrière de leur voiture, « le Golan vaut mieux que la paix » ; mais, si l'on opte pour la paix, alors il faudra se séparer du Golan.

Cela admis, les contours d'une paix possible entre la Syrie et Israël, tels qu'ils se dégagent d'une bonne décennie de négociations, directes et indirectes, secrètes ou au grand jour, apparaissent désormais avec netteté. La principale pierre d'achoppement reste le problème territorial. C'est là-dessus, on s'en souvient, qu'a buté la phase de négociation la plus prometteuse, au printemps 2000. Le principe du retrait total du Golan posé, la question restait de savoir sur quelles lignes il s'effectuera. Ehud Barak insistait sur le respect de la frontière internationale reconnue, délimitée en 1923 par les puissances mandataires de l'époque, la France et la Grande-Bretagne. Assad, lui, entendait revenir au tracé d'avant la guerre des Six Jours, une cinquantaine de mètres plus bas. Ce minuscule mouchoir de poche peut sembler dérisoire. En réalité, il ne l'est pas : pour Israël, qui s'apprête à renoncer à ce véritable château d'eau qu'est le plateau du Golan, il signifie la maîtrise des sources du Jourdain, en même temps que le recouvrement d'un territoire israélien illégalement occupé par la Syrie jusqu'à la guerre des Six Jours ; pour Assad, la récupération symbolique du dernier centimètre carré perdu en juin 1967.

Il faudra lui donner satisfaction sur ce point. En contrepartie, le plateau sera pour l'essentiel démilitarisé et transformé en une réserve naturelle – un « parc de la paix » ouvert pendant la journée à tout le monde, Israéliens comme Syriens, sans visa ni contrôle d'aucune sorte. La zone démilitarisée sera placée sous contrôle international à direction américaine. L'ensemble du processus, y compris le démantèlement de la trentaine d'implantations juives qui émaillent le territoire, pourrait s'étaler sur plusieurs années, en parallèle avec l'approfondissement de la normalisation entre les deux pays.

Là encore, l'implication vigoureuse de Washington est essentielle. En prenant l'initiative du dernier round de négociations indirectes par son intermédiaire, la Turquie a rempli un rôle non négligeable, coupé court par la démission du cabinet Olmert et l'accession de Netanyahou aux affaires. Demain, la France, forte de ses bonnes relations avec les deux parties, pourrait reprendre le flambeau. Mais la conclusion d'un accord de paix ne peut intervenir que sous l'égide des États-Unis. Eux seuls sont capables de fournir aux Israéliens les garanties de sécurité auxquelles ils ont droit, eux seuls aussi sont en mesure d'offrir aux Syriens la reconnaissance de leur statut de puissance régionale à laquelle ils aspirent. Après tout, le Golan n'est qu'un des deux objectifs qu'ils poursuivent ; l'autre est l'entrée par la grande porte dans le club des États fréquentables. La condition en est bel et bien l'amitié de la « nation indispensable ».

En guise de conclusion : Adresse au Président des États-Unis

Monsieur le Président,

Ce petit livre n'est pas un exercice de style, encore moins une coquetterie d'écrivain en mal de publicité. C'est un appel pressant et un cri d'alarme. Une marque de confiance, aussi, en vos capacités d'écoute et d'action. Vous avez surgi sur la scène du monde comme une immense espérance. Cette vague qui porte vers vous les attentes des peuples, c'est vous qui l'avez provoquée. Il vous appartient de ne pas les décevoir.

Cela est vrai un peu partout, mais je prêche pour ma paroisse, si j'ose dire, pour ce Proche-Orient en lambeaux qui n'en finit pas de se déchirer et qui a besoin de paix comme le voyageur dans le désert a besoin d'eau. Car si une paix durable entre Israël et le peuple palestinien n'est sans doute pas la condition suffisante pour assurer la défaite du terrorisme international, ou le développement de la démocratie dans le monde arabe, ou même l'établissement de relations normales entre l'État hébreu et l'ensemble du monde arabo-musulman, elle en est tout de même la condition nécessaire.

Si je m'autorise l'audace de vous interpeller, c'est parce que je crois être en mesure de vous offrir un point de vue original. Vous êtes assurément entouré de collaborateurs compétents ; mais n'étant point partie au conflit où notre région agonise, ils en ignorent les affres, n'en mesurent pas toujours l'urgence et font légitimement une place à des considérations de politique intérieure qui n'entretiennent avec le sort des peuples sur place qu'un rapport fort distant. C'est évidemment le cas également de vos interlocuteurs proche-orientaux, chefs d'État et de gouvernement qui viennent défendre devant vous des positions où les arbres de l'idéologie et des calculs de coalition cachent trop souvent la forêt des intérêts véritables de leurs peuples.

Je suis libre de ces contraintes. Intellectuel engagé mais sans attaches partisanes et sans mandat d'aucune sorte, je puise ma réflexion dans mon métier d'historien, ce prophète du passé qui sait la relativité des choses humaines. L'histoire m'a enseigné le dégoût des positions extrêmes, la méfiance à l'égard des vérités exclusives, la prédominance du gris sur le blanc et le noir. Citoyen israélien, je ne prétends pas pour autant être « au-dessus de la mêlée ». J'aime mon pays, j'épouse ses querelles et mon sort est à jamais lié au sien. Mais cela ne m'empêche pas de juger durement ses dérives et ses aveuglements, et je pointe volontiers ses responsabilités dans cette crise sans fin où chacun, Israéliens, Palestiniens, Arabes et « communauté internationale », en a largement sa part. Surtout, ambassadeur d'Israël en France au moment de la seconde Intifada, j'ai été aux premières loges d'un affrontement qui s'est emballé faute d'acteurs extérieurs désireux et capables de le juguler.

Considérez, je vous prie, cet ouvrage comme étant davantage qu'une mise à plat des tenants et aboutissants d'une tragédie de l'aveuglement et de l'impuissance. Il se veut un appel raisonné et documenté au chef de ce qui reste, malgré tout, la première puissance de la planète, à faire ce qu'il doit pour y mettre un terme. Car, au Proche-Orient, seul le « processus de paix » fait du surplace. Sur le terrain, les faits accomplis de la colonisation et de la violence modèlent sans cesse une réalité mouvante et régressive, qui risque de faire de l'indicible souffrance des peuples leur unique horizon et de la quête de la paix une pure utopie.

Monsieur le Président, vous savez bien que, pour un démocrate, il est pénible de faire dépendre le salut de la collectivité d'un homme providentiel, personnage qui s'accorde mieux avec une conception autoritaire du pouvoir qu'avec l'éthos républicain. Évidemment, ce n'est pas du même type de leadership qu'il s'agit. Mais enfin, sans avoir jamais cédé aux sirènes du marxisme, ou du structuralisme, ou d'autres *-ismes* qui ont prouvé d'abondance leur capacité de nuisance, j'ai longtemps cru avec tant d'autres de ma génération aux « courants profonds » de l'histoire, à la « longue durée » dédaigneuse des individus, à la logique des processus historiques.

Et puis, un soir de novembre 1995, Yitzhak Rabin a été assassiné par un Juif fanatique. J'avais soutenu à l'époque que, pour tragique que fût cet événement et révélateur des tensions à l'œuvre au sein de la société israélienne, il était impuissant à renverser le cours des choses et à faire dérailler le processus d'Oslo. Celui-ci ne répondait-il pas à la logique de l'histoire, n'avait-il pas reçu l'assentiment des peuples concernés et de la communauté internationale, n'était-il pas suffisamment avancé pour qu'il se poursuivît en dépit des accidents de parcours ? Il a fallu se rendre à l'évidence : l'assassin avait correctement identifié sa cible, et la mort de l'homme avait porté un coup rude, peut-être mortel, au processus.

Oui, les individus d'exception comptent dans l'histoire, laquelle n'est rien d'autre que la rencontre improbable entre ses courants profonds, sa « logique » et des hommes capables d'en épuiser les potentialités. Sans les séquelles de la Première Guerre mondiale, Hitler serait resté un démagogue pitoyable sans aucune chance de parvenir au pouvoir ; mais sans lui, pas d'hitlérisme, et donc pas de révolution national-socialiste avec tout ce qu'elle a charrié d'horreurs sans nom. à l'inverse, il est facile d'imaginer ce qui se serait passé si Lord Halifax avait pris les rênes de la Grande-Bretagne à la place de Churchill, au moment où le sort du monde civilisé reposait tout entier sur la volonté et la capacité de résistance des Britanniques. Plus près de nous, la victoire à l'arraché, bien discutable au demeurant, de George W. Bush aux élections présidentielles de décembre 2000 a entraîné les États-Unis dans la période la plus calamiteuse de son histoire depuis la guerre au Vietnam. Al Gore ne serait sans doute pas allé en Irak…

Si c'est sans gaîté de cœur qu'un démocrate cherche le salut dans les bras d'un homme providentiel, ce l'est encore moins pour un patriote que d'attendre le salut d'un homme providentiel étranger. Mais il est des choses plus importantes que l'orgueil national, par exemple la survie de la nation, sans laquelle ledit orgueil national ne serait plus qu'une sinistre plaisanterie.

Or, tout montre que vous êtes le candidat naturel au poste aujourd'hui vacant d'homme providentiel de l'espèce démocratique. Il vous faut pour l'assumer suivre sans faiblir le chemin que vous vous êtes vous-même tracé. Et il vous faut aussi trouver le moyen de rassurer les Israéliens, dont l'angoisse existentielle n'est pas un artifice de propagande, ni uniquement un effet de leur penchant bien connu à l'hystérie sécuritaire. Vous le savez bien, il arrive aux paranoïaques d'avoir de vrais ennemis. Vous avez su trouver les mots qu'il fallait pour évoquer l'engagement de votre pays à leurs côtés, votre souci de leur sécurité, les liens indéfectibles qui nous lient. Ce message d'amitié, qui, tout à la fois, responsabilise et rassure, il faut maintenant le porter sur la place publique israélienne, par-dessus la tête du gouvernement de Jérusalem. Comme vous l'avez fait au bénéfice des Iraniens à l'occasion de leur Nouvel An. Comme vous l'avez fait au Caire, à l'adresse de l'ensemble du monde musulman. Les Israéliens vous écouteront avec l'attention que vous méritez. Parce qu'ils n'ont pas le choix. Parce que ce que vous leur proposez est dans leur meilleur intérêt. Parce qu'on écoute toujours un ami puissant, qui sait vous persuader qu'il vous veut du bien.

Monsieur le Président, allez à Jérusalem. Car ce qui est (encore) possible aujourd'hui ne le sera plus nécessairement demain.

Respectueusement vôtre,

E. B.

Table des matières

Du même auteur (Suite)

Temps modernes, 1870-1920, avec Eyal Naveh, Tel-Aviv, 1998 (hébr.).

L'Histoire du peuple d'Israël au XXe siècle, Tel-Aviv, 1998 (hébr.).

Au temps du croissant et de la croix, avec Aviad Kleinberg, Tel-Aviv, 1997 (hébr.).

L'Émergence de l'État moderne, Tel-Aviv, 1995 (hébr.).

Histoire universelle des Juifs, Paris, Hachette, 1992.

Au nom de la liberté et de l'égalité. Lire la Révolution française, avec Moshé Zuckermann, Jérusalem, 1989 (hébr.).

Une histoire moderne d'Israël, Paris, Flammarion, 1988 et coll. « Champs », 1991 (PUF, 1982).

Le Périple de Francesco Pucci. Hérésie, utopie et vérité religieuse au temps de la Renaissance tardive, avec Miriam Eliav-Feldon, Paris, Hachette, 1988.

Lettre d'un ami israélien à l'ami palestinien, Paris, Flammarion, 1988.

La Sainte Ligue, le Juge et la Potence. L'Assassinat du Président Brisson (15 novembre 1591), avec Robert Descimon, Paris, Hachette, 1985.

La Politique étrangère du général de Gaulle (éd.), avec Saül Friedländer, Paris, PUF, 1985.

Le Parti de dieu. Étude sociale et politique des chefs de la Ligue parisienne 1585-1594, Paris/Louvain, Publications de la Sorbonne/Nauwelaerts, 1980.

Chez André Versaille éditeur

Enjeux du XXIe siècle

Élie Barnavi
L'Europe frigide
Réflexions sur un projet inachevé

Eric J. Hobsbawm
L'Empire, la démocratie, le terrorisme

Guy Verhofstadt
Sortir de la crise
Comment l'Europe peut sauver le monde

Actualité

Philippe Migaux
Le Terrorisme au nom du Jihad

Simon Petermann
Guantánamo
Les dérives de la guerre contre le terrorisme

Documents

Al-Qaida
Le Manuel pratique du terroriste

Histoire

Jean-Marie Brohm
1936. Les Jeux olympiques à Berlin

Thomas Ferenczi
Pourquoi l'Europe ?

Alain Gresh et Dominique Vidal
Palestine 1947
Un partage avorté

Eric J. Hobsbawm
L'Âge des extrêmes
Histoire du court XXe siècle

André Kaspi
États-Unis 1968
L'année des contestations

Pierre Melandri
Histoire des États-Unis contemporains

Françoise S. Ouzan
Histoire des Américains juifs

Lionel Richard
Goebbels
Portrait d'un manipulateur

Marius Schattner
Israël, l'autre conflit
Laïcs contre religieux

Alexandra Viatteau
Katyn
La vérité sur un crime de guerre

Références

Paul Aron et José Gotovitch (dir.)
DICTIONNAIRE DE LA SECONDE GUERRE MONDIALE EN BELGIQUE

Jean-Jacques Becker
DICTIONNAIRE DE LA GRANDE GUERRE

Hervé Broquet, Catherine Lanneau et Simon Petermann (dir.)
LES 100 DISCOURS QUI ONT MARQUÉ LE XXe SIÈCLE

Pierre Gerbet (dir.), Gérard Bossuat et Thierry Grosbois
DICTIONNAIRE HISTORIQUE DE L'EUROPE UNIE

Le Théâtre du monde

Olivier et Nina Da Lage
L'INDE DE A À Z *(à paraître)*

Patrice Gouy
LE MEXIQUE DE A À Z *(à paraître)*

L'Autre et l'Ailleurs

Jean Ehrard
LUMIÈRES ET ESCLAVAGE
L'Esclavage colonial et l'opinion publique en France au XVIIIe siècle

Bouda Etemad
CRIMES ET RÉPARATIONS
L'Occident face à son passé colonial

Alessandro Stella
LE PRÊTRE ET LE SEXE
Les révélations des procès de l'Inquisition

À S'OFFRIR EN PARTAGE

Barbey d'Aurevilly
LE BONHEUR DANS LE CRIME
Proposé par Denis Tillinac

Président de Brosses
LETTRES FAMILIÈRES D'ITALIE
Proposé par Marc Fumaroli

Cendrars
VENISE, NAPLES, BORDEAUX, ANVERS
Proposé par Raphaël Sorin

Chateaubriand
LA FIN DE NAPOLÉON
Proposé par Max Gallo

Claudel
LA MORT DE JUDAS – LE POINT DE VUE DE PONCE PILATE
Proposé par José Artur

Dumas
LES CENCI
Proposé par Jean Lacouture

Galland
HISTOIRE DE NOUREDDIN ET DE LA BELLE PERSANE
Conte tiré des Mille et une nuits
Proposé par Tahar Ben Jelloun

Kipling
LA PLUS BELLE HISTOIRE DU MONDE
Proposé par Michel Le Bris

Maupassant
L'HÉRITAGE
Proposé par Pierre Assouline

Mirbeau
Dreyfusard !
Proposé par Jean-Noël Jeanneney

Nerval
Le Harem du Caire
Proposé par Henri Mitterand

Rilke
Sur Rodin
Proposé par Jean Daniel

Sade
Florville et Courval
Proposé par Michel Delon

Tocqueville
De l'influence de la démocratie sur les mœurs des Américains
Proposé par Élie Barnavi

Divers

Jean Lacouture
Malraux
Itinéraire d'un destin flamboyant
Entretiens avec Karin Müller

Achevé
d'imprimer en
août 2008 sur les presses
de l'imprimerie Mega Print-
Turquie pour le compte de ©
André Versaille éditeur –
Centre Dansaert – 7, rue
d'Alost –1000 Bruxelles –
Belgique

www.andreversailleediteur.com

N°41